INDUSTRIE 4.0

Les défis de la transformation numérique du modèle industriel allemand

Dorothée Kohler

Jean-Daniel Weisz

avec la collaboration de Katharina Ehrhart,
analyste, KOHLER C&C

La **documentation** Française

Diffusion
Direction de l'information légale et administrative
La Documentation française
29, quai Voltaire
75007 Paris
Tél. 01 40 15 70 10
www.ladocumentationfrancaise.fr

Conception éditoriale
Dorothée Kohler et Jean-Daniel Weisz
KOHLER Consulting & Coaching
7, place Paul Painlevé
75005 Paris
www.kohler-cc.com

Édition
Julie Wargon

Relecture
Brigitte Pennaguer
Mireille Pyronnet

Conception graphique
Bernard Vaneville

Mise en page
Dominique Sauvage

© Direction de l'information légale et administrative, Paris, mars 2016.
ISBN : 978-2-11-010210-2

Sommaire

Avant-propos

L'introduction du numérique dans les entreprises représente une véritable révolution industrielle et sociale. Elle bouleverse leurs modèles d'affaires et toutes sont concernées, sans distinction de taille ou de secteur. La France connaît un moment d'effervescence sans précédent en matière d'innovation. Elle a des atouts pour relever le défi : au premier chef ses entreprises qui offrent des solutions, son système éducatif et de recherche, ses infrastructures. Cette énergie permet de connecter les écosystèmes des start-up, du monde académique, des PME, ETI et grands groupes dans une mobilisation collective qui est tout l'enjeu de l'industrie du futur.

Cette révolution industrielle repose d'abord sur l'intégration de l'ensemble du processus de production, grâce à une utilisation intensive des outils numériques. L'interconnexion entre les machines, la communication entre machines et produits ainsi qu'entre les différentes fonctions de l'entreprise, sont mises au service d'une production toujours plus flexible, dont le but est d'apporter une réponse personnalisée aux besoins des consommateurs, que ce soit en termes de produits, de services ou d'usage.

Des changements radicaux découlent de la révolution numérique : apparition de nouvelles opportunités de *business*, à travers notamment l'exploitation des données d'usage du consommateur final ; redéfinition de l'organisation du travail, interrogeant la pertinence à la fois du système de formation et des règles de management actuels ; migration d'une part croissante de la valeur ajoutée en dehors de l'entreprise, la mise en réseau étant aujourd'hui au cœur de la création de richesses.

L'Allemagne a été la première à mettre en œuvre une politique industrielle focalisée sur ce concept d'usine connectée, avec le lancement du programme « Industrie 4.0 » en 2011. De nombreux pays lui ont depuis emboîté le pas. L'industrie française ne doit pas rater ce rendez-vous de la numérisation : il en va de sa compétitivité et donc de son avenir. L'impulsion a été donnée, à travers par exemple le lancement du programme « Industrie du futur ». Il s'agit maintenant de transformer l'essai. L'enjeu n'est pas que national, il est au moins européen et bâtir une coopération autour d'un axe franco-allemand est un élément structurant indispensable. Les deux plateformes nationales s'y sont engagées.

Cet ouvrage s'inscrit dans cette démarche. En montrant comment les acteurs de l'industrie allemande, des fédérations professionnelles aux syndicats de salariés en passant par les entreprises du *Mittelstand*, ont su collaborer pour assurer la diffusion du concept d'industrie 4.0, il constitue une source d'inspiration utile pour les entreprises françaises et leurs partenaires, et pour les pouvoirs publics.

C'est la raison pour laquelle La Fabrique de l'industrie et Bpifrance ont choisi de s'associer à la publication de cet ouvrage, le premier du genre. Leurs ambitions sont complémentaires : faire prendre conscience du caractère incontournable de la numérisation de l'industrie française, déclencher un « élan numérique » en son sein et fournir une information pertinente à un large public allant des écoliers et des apprentis aux étudiants en passant par les chefs d'entreprise, d'un côté ; financer et accompagner la digitalisation des entreprises françaises, en ayant développé une offre adaptée aux besoins et spécificités du numérique, enjeu majeur de la pénétration de cette transformation de l'économie, afin de contribuer à l'émergence des champions de demain, de l'autre côté.

Certes, nos deux pays ne sont pas confrontés aux mêmes exigences : pendant que l'Allemagne cherche à conserver son *leadership* industriel, notamment dans les biens d'équipement, la France s'attache à rattraper son retard dans la modernisation de son appareil productif. Le pari est de taille. Notre pays a tout ce qu'il faut pour devenir demain un leader industriel 4.0, encore faut-il que tous se saisissent de l'enjeu. En exposant clairement la manière dont l'industrie allemande fait face aux défis de la numérisation et organise sa transformation, cet ouvrage offre de nombreuses pistes de réflexion, tant aux industriels qu'aux institutions qui les accompagnent, et les invite à l'action !

Nicolas Dufourcq
Directeur général
Bpifrance

Louis Gallois et Denis Ranque
Co-présidents
La Fabrique de l'industrie

Synthèse de l'ouvrage

En Allemagne, la question du numérique dans l'industrie se pose moins en termes de protection et de défense d'un modèle industriel qu'en termes de stratégie de conquête et de transformation des modèles d'affaires.

Qu'est-ce que l'Industrie 4.0 ?

L'objectif premier de l'Industrie 4.0 ne correspond pas à davantage d'automatisation, mais à plus d'intelligence dans la mise en réseau des machines entre elles et des machines avec les hommes. Il répond au besoin de personnalisation croissante des produits et à la peur de voir des géants de l'internet comme Google capter l'exclusivité de la relation avec le client, monopoliser l'accès à ses données d'usage et drainer une part croissante de la marge au sein de la chaîne de création de valeur.

Au plan macroéconomique, l'Industrie 4.0 articule ainsi la perception de menaces sur le leadership industriel allemand avec l'anticipation d'opportunités de marché : les prévisions de croissance du chiffre d'affaires pour les entreprises allemandes sont comprises entre 20 et 30 Mrd € par an jusqu'en 2025.

L'Industrie 4.0 est une ambition technologique qui consiste à produire des séries de taille 1 à des coûts équivalant à ceux de la production de masse. Il s'agit de construire une offre allemande dans les technologies liées aux process de production et d'anticiper l'émergence de nouvelles chaînes de création de valeur, de nouveaux modèles d'affaires industriels avec leurs impacts en termes d'organisation du travail et de compétences métiers.

La création d'un nouvel imaginaire collectif industriel autour d'une alliance entre l'État et l'industrie

L'Industrie 4.0 est bien plus qu'un concept marketing, c'est un vecteur de transformation de la société industrielle allemande.

À lui seul, le choix du terme « Industrie 4.0 » exprime cette recherche de continuité et de convergence entre la production de biens et des innovations servicielles induites par le 4.0. L'élite dirigeante a bien compris que le numérique n'était pas seulement l'apanage des acteurs des technologies de l'information et de la communication (TIC) ou encore des start-up innovantes. Le numérique traverse et bouleverse l'industrie à l'image d'un système cyber-physique qui relie composants, machines, hommes, niveaux de l'entreprise, fournisseurs, clients…

Cette transformation est globale, d'où le positionnement de l'État qui l'aborde comme un changement de paradigme économique et social pour amener les industriels à participer très rapidement à ce mouvement. Nous retrouvons cette alliance entre l'État et l'industrie qui a fait la force de l'industrialisation allemande au XIXᵉ siècle.

En désignant la révolution numérique comme la quatrième révolution industrielle, les Allemands l'ont replacée dans l'enchaînement logique d'un récit chronologique et en font une histoire commune appropriable par chacun. Cela ne signifie pas, comme nous le notons dans les parties 1 et 4, que cette construction se fasse sans heurts, difficultés ou résistances. Néanmoins, la peur de rater cette révolution numérique ramène au second plan les autres craintes. Il y a une volonté nationale de participer à ce mouvement irréversible.

La course aux standards et à l'interopératibilité

Les instances fédérales se sont attelées à partir de 2006 à un travail de défrichage, de priorisation, puis de maillage – d'abord institutionnel avec les créations successives des plateformes Industrie 4.0 en 2013, puis doublé d'une recherche de nouvelles synergies entre les fédérations professionnelles en 2015. Dans les premiers actes de cette révolution, la question des standards d'interopératibilité entre équipements de toutes marques et le choix des normes sont un cheval de Troie pour conquérir de nouveaux marchés. Il s'agit également d'assurer la pérennité du positionnement des *global players* et des champions cachés du *Mittelstand* sur les marchés de niche.

Déplacement de la création de valeur et nouvelles organisations des espaces industriels

L'industrie n'échappe pas à l'enjeu de la digitalisation qui se caractérise par un double mouvement : d'une part, une remontée du client dans la chaîne de valeur où les relations entre acteurs s'organisent pour répondre le plus vite possible à une demande de biens personnalisés ; d'autre part, l'apparition, avec la digitalisation des équipements et des objets connectés, de multiples opportunités de développement de nouveaux services liés à l'exploitation des données d'usage.

Que l'industriel soit en contact direct avec le client final, qu'il soit fournisseur intermédiaire ou fournisseur d'équipements, la réponse à cet enjeu de la digitalisation suppose pour le dirigeant d'entreprise industrielle :
■ d'investir plus largement dans des évolutions technologiques ;
■ de remettre en question son modèle d'affaires pour y intégrer l'utilisation et la valorisation des données d'usage ;
■ d'étendre les capacités de coopération avec des partenaires de développement.

À ces trois transformations font face autant de barrières psychologiques. L'augmentation de l'investissement bute sur l'analyse coût/bénéfice et les perspectives réelles de gains. La capacité à remettre en question le modèle d'affaires suppose de sortir d'une vision de l'innovation incrémentale pour anticiper les nouvelles sources de création de valeur aux interstices de la chaîne de valeur. Enfin, même dans le contexte local des régions allemandes, la coopération entre acteurs parfois concurrents sur tout ou partie de leur offre ne va pas forcément de soi.

Dans la deuxième partie de cet ouvrage, nous réalisons différents zooms pour saisir les points d'impact du numérique sur l'organisation des chaînes de valeur et des espaces de l'entreprise. Le client cantonné à la sortie de la chaîne de valeur peut désormais se prévaloir d'être à son point d'entrée. Les fournisseurs d'équipements ne sont pas épargnés par ce mouvement et la course est lancée entre les *big players* et les entreprises du *Mittelstand premium* pour construire les « plateformes ouvertes » qui permettront d'accueillir des applications numériques et de capter les nouvelles sources de création de valeur.

Nous montrons comment le numérique percute l'espace industriel à trois niveaux : 1) celui de la division du travail au sein de la chaîne de valeur de l'entreprise industrielle multi-sites ; 2) celui de la hiérarchie fonctionnelle dans l'enceinte du site de production (études et méthodes, planification de production, maintenance, gestion des commandes, des stocks et des approvisionnements, production, logistique externe…) ; et 3) celui de la division du travail au niveau des lignes de production où les machines, les produits et les hommes communiquent et interagissent en temps réel.

De nouvelles *roadmaps* technologiques en cours de développement vont entraîner l'émergence de nouveaux métiers et des changements de pratiques dans un horizon de temps très court. Mais comment identifier ces nouveaux métiers pour faire évoluer les compétences existantes et former à temps les générations futures ? C'est la question centrale traitée dans la troisième partie de ce livre.

L'avenir du travail : un enjeu de compétitivité

Une sorte de course contre la montre est engagée dans cette révolution numérique où se télescopent de manière assez unique un changement de paradigme industriel et un changement sociétal, et où la nature même des modes d'apprentissage des savoirs est en train de se redéfinir. À l'affût de l'impact de l'Industrie 4.0 sur l'organisation du travail dans l'industrie, sur les modes de régulation entre employeurs et employés et sur le dessin de nouvelles filières professionnelles, les Allemands ont lancé depuis trois ans une réflexion sur l'avenir du travail (*Zukunft der Arbeit*). Le ministère de la Formation et de la Recherche (Bundesministerium für Bildung und Forschung – BMBF), les grandes entreprises, le *Mittelstand*, les instituts de recherche, les syndicats, les universités, les écoles techniques et les fondations des différents partis politiques y sont impliqués. L'IG Metall souhaite dans un premier temps donner la priorité à des expérimentations concrètes pour mieux identifier les risques et les bénéfices de ces nouveaux environnements de travail, ainsi que les modes de régulation possibles entre partenaires sociaux.

Dimension collective de l'Industrie 4.0 : une nouvelle économie des complémentarités

Créer des points de repère, cela vaut également pour les entreprises du *Mittelstand*, étendards du *Made in Germany*, comme nous l'analysons dans la partie 4. Leur ADN souvent centenaire – articulé autour du contrôle familial garant de l'autonomie stratégique, de la sécurisation du financement des investissements, de la culture de l'innovation incrémentale – est-il de nature à faciliter l'adoption de la culture numérique ou constitue-t-il un frein dans un contexte où priment l'*open innovation* et le décloisonnement ? Si la conversion du *Mittelstand premium* au numérique semble acquise dans ce mouvement Industrie 4.0, la mobilisation des entreprises plus petites se révèle plus difficile.

Néanmoins, il est surprenant de constater comment la stratégie consistant à « *faire de son ennemi un ami* » (*sein Feind zum Freund machen*) se propage. Les projets financés par le ministère de la Recherche et de la Formation et le ministère de l'Économie et de l'Énergie mobilisent à chaque fois en moyenne entre 5 et 10 partenaires. De nouvelles coopérations émergent, le tissu industriel se structure autour de nouvelles complémentarités entre entreprises appuyées par les instituts Fraunhofer, les chambres de commerce et d'industrie (CCI), les fédérations professionnelles… Un écosystème se construit, les entreprises font l'apprentissage de ces nouveaux contextes concurrentiels et réfléchissent à la reconfiguration de leurs modèles d'affaires.

Ce principe d'« expérimenter ensemble » et la capacité à coopérer s'appliquent également aux organisations institutionnelles au niveau de l'État fédéral et des Länder. Nous expliquons dans la partie 5 comment l'État construit progressivement son positionnement et s'affirme comme maître d'ouvrage de cette politique Industrie 4.0. Il développe d'abord les conditions d'un dialogue politique entre les différents partis en inscrivant l'Industrie 4.0 dans le contrat de coalition et trouve les termes d'un consensus entre les représentants du monde de la recherche, de l'économie et des syndicats. Rien n'est figé ; ce sont d'abord les conditions d'expérimentation et d'apprentissage qui sont créées dans cette économie en mouvement.

Dans les parties 5 et 6, la cartographie des acteurs montre que l'Allemagne a pris le parti de miser sur la dimension collective de l'Industrie 4.0. Elle a opté pour une dynamique d'essaimage et de mutualisation à travers les démonstrateurs et la création des centres de compétences. Ils doivent encore faire leurs preuves.

Cette dynamique de coopération est imposée par la hauteur des investissements nécessaires et le besoin pour les industries mécaniques de développer des métiers dans l'IT. À ce stade, l'État fédéral et les Länder se sont engagés financièrement dans la recherche fondamentale et appliquée. En revanche, le système bancaire, qu'il soit public ou privé, n'est pas encore mobilisé pour accompagner les entreprises du *Mittelstand* dans leur transformation numérique. À la différence de la France, il n'existe pas encore de programmes de financement dédiés à ce défi industriel.

À l'évidence, même si cette bataille de l'Industrie 4.0 est loin d'être gagnée, la caractéristique des dispositifs mis en œuvre dans les différents Länder est de parier sur l'efficience, la diversification, la multiplication des relations et une nouvelle forme de compétitivité : la compétitivité relationnelle. Elle s'exprime à travers la construction d'une nouvelle économie des complémentarités. Les industriels allemands font le choix de s'allier pour croître plus vite, trouver de nouvelles sources de création de valeur, mutualiser les compétences et les moyens d'innovation, multiplier les gains d'opportunités et conquérir de nouveaux marchés.

Construire des passerelles entre la France et l'Allemagne

Synthèse de l'ouvrage

Ce livre a une vocation opérationnelle :
- donner des clés de lecture pour décrypter les ressorts de l'Industrie 4.0 ;
- permettre d'identifier les facteurs de réussite et les freins au déploiement de l'Industrie 4.0 dans le *Mittelstand* ;
- révéler les dynamiques d'acteurs et les stratégies industrielles à l'œuvre. Elles dessinent de nouvelles géographies.

Défenseurs d'une approche pragmatique, les auteurs proposent dans la dernière partie de cet ouvrage cinq axes pour faciliter la diffusion du numérique dans les entreprises en France et en Europe : la création d'un nouvel imaginaire industriel qui dépasse les frontières nationales, l'inscription dans une dynamique de projet avec, à sa tête, un pool d'entrepreneurs d'ETI et PME, la multiplication de terrains d'expérimentation partagés par les chefs d'entreprise et les organisations syndicales et documentés par les sciences sociales, l'élaboration de stratégies communes entre la France et l'Allemagne pour déployer le numérique dans les tissus industriels régionaux. Enfin, un changement de paradigme industriel implique également l'évolution des modes d'intervention de l'État : impulser la diffusion du numérique dans les entreprises suppose un projet de transformation qui intègre lui-même les composantes de cette révolution culturelle. Il s'agit d'un projet entrepreneurial, collectif, transfilière et *bottom-up*.

Chacune des propositions a pour dénominateur commun de partir du terrain et de renforcer une compétitivité relationnelle qui est au cœur du succès de l'Industrie 4.0.

Introduction : Industrie 4.0, le désir d'une révolution programmée

Le numérique ne connaît pas de frontières. Les méfiances, les résistances, voire les craintes mêlées d'agacement observables chez les chefs d'entreprise de part et d'autre du Rhin, non plus. Avec une différence néanmoins essentielle : Industrie 4.0 est passée en Allemagne dans le langage courant. Ce terme est même devenu incontournable pour signifier que l'entreprise a accompli son grand saut dans la quatrième révolution industrielle. Industrie 4.0 est devenue un symbole, un logo, un marqueur d'innovation auquel on se doit d'adhérer, car il est acquis outre-Rhin que le numérique fait actuellement muter la société.

Cela fait maintenant près de cinq ans que le projet Industrie 4.0 a été lancé en Allemagne. Une durée qui justifie un retour d'expérience en s'abstenant de juger s'il s'agit d'un slogan marketing ou d'une « vraie révolution industrielle ». Ce n'est pas le sujet. Il est beaucoup plus intéressant d'observer ce que cette dynamique Industrie 4.0 suscite chez les chefs d'entreprise et d'essayer de décrypter les prémisses de cette transformation, ce qu'elle laisse espérer, les questions qu'elle soulève et les enseignements qu'elle apporte.

L'Industrie 4.0 répond-elle à la peur de certains acteurs politiques et économiques de voir le leadership industriel allemand grignoté par les géants de l'internet ou à une opportunité unique de construire un nouvel imaginaire industriel dans une société prête à opérer sa mue numérique ?

Quelles sont les transformations induites par le numérique dans le *Mittelstand* ? Comment ces changements se manifestent-ils ? Quelles stratégies suscitent-ils ? Comment cette révolution numérique amène-t-elle à configurer un nouvel espace industriel aux différentes échelles géographiques ?

En Allemagne comme en France, l'une des questions majeures autour de laquelle s'articulent de plus en plus les débats est l'impact du numérique sur l'emploi. La tentation idéologique est forte de rentrer dans l'opposition « pour ou contre les robots », mais les parties prenantes expérimentent outre-Rhin une autre voie : faire de l'avenir du travail une priorité politique et sociale et un champ d'expérimentation. Nous décryptons dans cet ouvrage les tenants et les aboutissants de cette approche, ainsi que les stratégies d'acteurs et leur inscription dans le territoire.

Nous n'avons pas été en quête de spectaculaire, mais davantage à l'écoute des hommes et des femmes acteurs et témoins de cette transformation Industrie 4.0. Une soixantaine d'interviews ont été menées depuis 2013 en Allemagne par le cabinet KOHLER Consulting & Coaching dont nous vous faisons partager ici les conclusions.

1

Industrie 4.0 :
une utopie allemande ?

Dès l'origine, l'Industrie 4.0 se présente comme un rêve technologique : une application de l'internet des objets au monde des biens d'équipement. Le projet Industrie 4.0 vise ni plus ni moins à dessiner les contours d'une quatrième révolution industrielle portée par la vision d'une mise en réseau de tous les éléments du processus de production pour construire l'usine ultraconnectée du futur, baptisée *integrated industry*, *smart factory* ou encore *digital factory*[1].

La peur de perdre le leadership industriel

La force de l'Industrie 4.0 en Allemagne tient d'abord à la perception d'un sentiment d'urgence. L'Industrie 4.0 associe, de manière volontairement dramatique, le rêve technologique et la peur de menaces susceptibles de faire vaciller le leadership industriel allemand. En 2010, un diagnostic des forces, risques, opportunités et menaces, établi par le ministère fédéral de l'Économie, pointait trois sujets d'inquiétude[2] :

- le ralentissement de la croissance et de l'investissement dans les BRIC (Brésil, Russie, Inde et Chine) équipés avec des machines au dernier standard technique induisant une baisse de la demande pour les machines-outils allemandes ;
- la contestation du leadership allemand à l'international avec la montée en puissance des producteurs comme la Chine ou la Corée du Sud ;
- l'innovation dans le *Mittelstand* qui reste très tournée vers l'innovation incrémentale, ce qui rend ces entreprises vulnérables à des innovations de rupture.

Mais, bien vite, ces menaces vont être renforcées par l'irruption des géants de l'internet dans le jeu industriel. Des géants qui disposent de moyens considérables : la capitalisation d'entreprises comme Apple ou Google sont 5 à 6 fois supérieures à celles des premières capitalisations boursières des géants industriels allemands. En un seul jour, le 18 juillet 2015, la capitalisation boursière de Google flambait de 65 Mrd $, un montant peu éloigné des capitalisations de BMW ou de Volkswagen.

L'Industrie 4.0 va dès lors s'imposer comme une vision qui permet de transcender ces peurs et de donner un caractère offensif à une politique construite, dans un premier temps, sur une base défensive.

La vision qui sous-tend le projet Industrie 4.0 repose sur trois convictions :
- l'avenir économique de l'Allemagne passe par l'industrie ;
- la priorité est de conserver le positionnement de leader à l'international sur les marchés de biens d'équipement ;
- un enjeu vital pour le pays est donc d'anticiper l'impact que vont avoir les technologies de l'information sur les processus de production, afin de profiter pleinement des opportunités qu'elles offrent.

---

1 Pour avoir une vision comparative des programmes nationaux lancés dans le cadre de la *smart factory*, le lecteur pourra utilement consulter les fiches pays, rédigées par Thibaut Bidet-Mayer de La Fabrique de l'industrie : Thibaut Bidet-Mayer (2016), *L'industrie du Futur à travers le monde*, Les synthèses de La Fabrique de l'industrie.

2 Bundesministerium für Wirtschaft und Energie (2010), *In focus – Germany as a Competitive Industry Nation*, octobre, 36 p.

Il s'agit de s'appuyer sur les avantages compétitifs établis de l'industrie allemande (qualité, technologies liées aux produits, proximité avec le client…) pour faire évoluer l'industrie vers une production non standardisée avec un haut niveau de variabilité du produit et vers une plus grande intégration des produits et des services liés au *business*[3]. Un enjeu central consiste à enclencher cette transformation technologique de l'industrie allemande en mobilisant les acteurs nationaux des technologies de l'information et des télécommunications.

La marche à monter est donc double : favoriser le développement d'une offre nationale liée aux équipements connectés de l'Industrie 4.0, la diffuser, mais également créer de nouveaux modèles d'affaires liés à l'exploitation des données d'usage.

Or, une étude[4] menée en 2011 par l'Institut Fraunhofer pour l'économie du travail et l'organisation (Fraunhofer IAO) a dressé un constat alarmant : seul un quart des constructeurs allemands de machines-outils a élaboré une stratégie explicite de développement de services basés sur internet et seul un cinquième d'entre eux a un modèle d'affaires adapté.

Passer d'une perception de menace à la reconfiguration de son modèle d'affaires demande une révolution managériale. Ceci est d'autant plus difficile lorsque l'entreprise bénéficie d'une « rente de leader de niche », à l'instar de nombreux *Mittelständler*. Le numérique change la taille du terrain de jeu, bouscule les positions acquises et les approches conventionnelles du *change management*.

Mais la peur fait son chemin face à cette poussée industrielle de l'internet et aux enjeux croissants de la digitalisation dans l'Industrie 4.0. La menace la plus souvent exprimée, l'épouvantail de chaque manifestation Industrie 4.0 en Allemagne, est désormais Google, présenté comme le concurrent n° 1.

Les industriels allemands craignent qu'à l'aune d'autres secteurs comme l'édition ou l'hôtellerie, les géants de l'internet n'imposent une relation exclusive avec le client final au détriment des industriels *Business to consumer* (B to C) et *Business to business* (B to B). Détenant l'accès aux données d'usage et des interfaces guidant le choix des consommateurs, ils seraient alors en position de force pour capter une part importante des marges opérationnelles « *partout où l'on peut dématérialiser ou ré-intermédier*[5] ».

> « *L'Europe court le danger que des* online players *venant de l'étranger produisent une expérience utilisateur dans le domaine du* front-end *avec laquelle ils seraient en mesure de détourner la demande vers leurs terminaux et leurs bases de données. Par rapport à nous, les Américains et les Asiatiques sont beaucoup plus avancés dans le réseau et disposent d'un marché intérieur digital, à partir duquel ils peuvent se développer à l'international. Notre plus grand défi politique consiste à rester concurrentiels dans ce domaine.* »
>
> Entretien KCC avec le Prof. Dr. Tobias Kollmann,
> délégué pour l'économie numérique du Land de Rhénanie-du-Nord-Westphalie

---

3   Bundesministerium für Wirtschaft und Energie (2010), *op. cit.*, p. 16.
4   Spath Dieter (dir.) (2011), *Produktionsarbeit der Zukunft*, Fraunhofer IAO, Fraunhofer Verlag, 155 p.
5   Bpifrance – Le Lab (2015), *Le Numérique déroutant*, p. 23-26.

Qui dit intermédiation, suppose l'utilisation des données directement issues de la production. Il ne s'agit plus de vendre une machine ou un produit, mais un service calibré à partir de données fournies par l'utilisateur qui est passé du statut de consommateur passif à celui de client-entrepreneur en prise directe avec la modélisation des produits achetés ou loués et le calibrage de ses usages.

Dans un pays où l'industrie mécanique constitue la colonne vertébrale du système productif, ces évolutions peuvent être de nature à faire vaciller un colosse aux pieds d'acier.

Le passage à l'offensive industrielle du gouvernement allemand

Depuis 1993, l'Allemagne vivait sur un paradigme défensif de politique industrielle dominé par la notion du *Standort Deutschland*, littéralement « l'Allemagne comme site de production ». Pour un pays très ouvert sur les échanges internationaux et qui venait de vivre l'expérience de la réunification, la question du maintien de la production manufacturière sur le sol national revêtait un caractère essentiel, tout comme la défense de sa compétitivité/coût à travers des mesures de modération salariale (accords de flexibilité, réformes Hartz[6]…). C'est dès le milieu des années 2000 que se développe progressivement une approche plus offensive de politique industrielle labellisée Industrie 4.0.

> *« La nouveauté avec l'Industrie 4.0, c'est que pour la première fois depuis longtemps le sujet de la production et de la création de valeur s'affirme au sein de l'agenda politique (cf. le contrat de coalition). L'Industrie 4.0 conduit à ce que les ministères, les chercheurs, les fédérations professionnelles et les entreprises tirent tous dans le même sens. Une discussion est en cours au sein de la société sur les bénéfices et les conséquences de l'Industrie 4.0. »*

Entretien KCC avec Dr. Olaf Sauer et Dr. Thomas Usländer,
Institut Fraunhofer IOSB

L'Industrie 4.0 résulte en effet d'un processus de maturation intellectuelle et institutionnelle qui aura pris un peu moins de cinq ans.

Les premiers pas ont été réalisés par le Centre de recherche allemand pour l'intelligence artificielle (Deutsche Forschungszentrum für Künstliche Intelligenz – DFKI) qui a lancé, dès 2005, son projet de démonstrateur Smart Factory[KL] avec le concours d'entreprises industrielles (cf. cas concret n° 12). Parallèlement, et même s'il n'est publié qu'en 2012, un rapport sur les systèmes cyber-physiques (SCP) financé par le ministère fédéral de la Formation et de la Recherche (BMBF)[7] a servi dès 2006 d'amorce pour mobiliser les acteurs autour de cet enjeu.

---

6 Mises en œuvre entre 2003 et 2005 sous l'égide du chancelier Gerhard Schröder (SPD), les réformes Hartz (du nom de Peter Hartz, ancien DRH de Volkswagen) ont modifié en profondeur le marché du travail en Allemagne.

7 Geisberger Eva, Broy Manfred (2012), *AgendaCPS: Integrierte Forschungsagenda cyber-physical systems*, Acatech Studie, Wiesbaden, Springer.

En 2006 est du reste lancée une stratégie high-tech par le gouvernement allemand (cf. figure 1). Cette stratégie part à l'origine d'un décryptage des grands enjeux sociétaux : la santé, la sécurité, le climat/la protection des ressources et la mobilité déclinés en 17 champs d'innovations dont les technologies de l'information et de la communication. Ce n'est qu'en 2010 que l'axe « communication » émerge comme thème majeur et il faut attendre 2012 pour que l'Industrie 4.0 s'impose comme l'un des projets d'avenir dominants de la stratégie high-tech.

Ces travaux sont accompagnés par l'Union pour la recherche, la *Forschungsunion*, qui réunit industriels et scientifiques dans le cadre des grands enjeux technologiques pour l'Allemagne, notamment au sein du « projet d'avenir Industrie 4.0 ». Cette Union de la science et de l'économie avait été mise en place en 2006 pour conseiller le gouvernement allemand. Animée par des groupes d'experts-leaders (*Promotorengruppe*), elle a permis de faire évoluer les thèmes prioritaires de la stratégie high-tech en l'orientant notamment vers celui de l'Industrie 4.0.

Le concept « Industrie 4.0 » est présenté de manière officielle, en avril 2011 à la foire de Hanovre, par un triumvirat composé d'un industriel, Henning Kagermann, ancien dirigeant de SAP et président de l'Acatech (Académie allemande des technologies), d'un scientifique, Wolfgang Wahlster, directeur du Centre de recherche allemand pour l'intelligence artificielle (DFKI), et d'un institutionnel, Wolf-Dieter Lukas, directeur du département des technologies clés au ministère fédéral de la Formation et de la Recherche (BMBF).

Cette édition de la foire de Hanovre de 2011 a signé le coup d'envoi d'une stratégie structurée en trois temps autour du développement d'un marché de l'Industrie 4.0 :
- le développement d'une offre allemande d'équipements industriels et de services pour intégrer les systèmes cyber-physiques dans la production (dimension de l'offre) ;
- la diffusion des technologies dans le tissu industriel (dimension de la demande) ;
- le développement de modèles d'affaires autour de l'internet des services exploitant les données générées par ces équipements.

Les deux premiers temps constituent le cœur d'une « stratégie duale » présentée dans le rapport final de 2013 sur les recommandations de déploiement de l'Industrie 4.0 et remis à la chancelière Angela Merkel lors de l'édition annuelle de la foire de Hanovre[8]. Dans le cadre de l'Union pour la recherche, un groupe de travail dédié 4.0 a rédigé ce document programmatique qui préconise la constitution d'une plateforme Industrie 4.0 qui sera lancée en 2013 (cf. partie 5.2).

Le projet Industrie 4.0 prend un caractère national et politique fin 2013 lors de la signature du contrat de coalition de gouvernement entre le parti chrétien-démocrate (CDU), son allié l'Union des chrétien sociaux (CSU) et le parti social-démocrate (SPD).

---

8 Acatech et Plattform Industrie 4.0 (2013), *Umsetzungsempfehlungen für das Zukunftsprojekt Industrie 4.0: Abschlussbericht des Arbeitskreises Industrie 4.0*, avril, p. 33-36.

Figure 1 – Les grandes étapes institutionnelles de l'Industrie 4.0

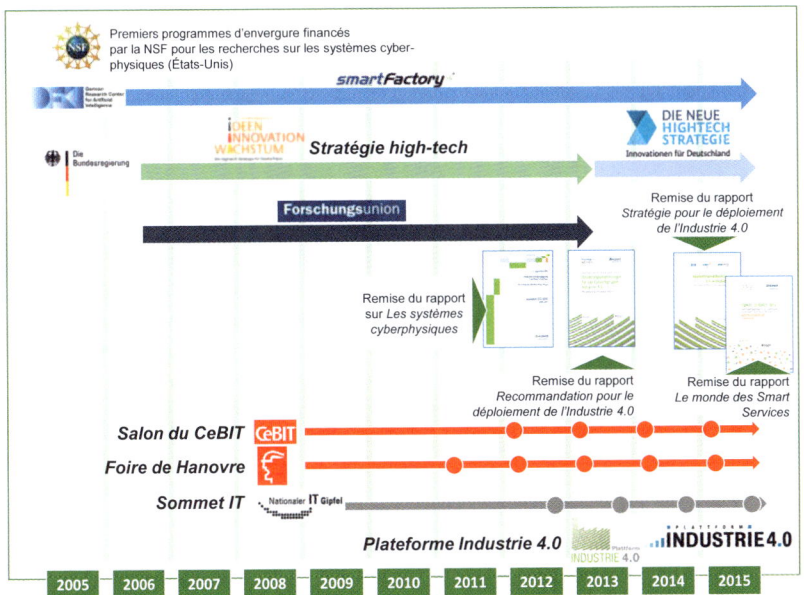

Source : © Conception et réalisation KOHLER Consulting & Coaching (2016) – Industrie 4.0.

Ce contrat de coalition affirme :

« *L'internet des objets pénètre dans les usines. Grâce à la mise en réseau intelligente des chaînes de création de valeur, la consommation de ressources peut aussi être réduite. Pour maintenir notre leadership technologique dans la construction mécanique, nous voulons occuper activement le champ de l'Industrie 4.0. Pour cela, il est nécessaire de transformer la connaissance issue de la recherche de pointe en applications concrètes. Le transfert de connaissances dans le* Mittelstand *et l'industrie classique doit être initié au moyen de centres de compétences, de régions modèles et de projets pilotes*[9]. »

Le troisième temps de la stratégie Industrie 4.0 est également annoncé dans le contrat de coalition : « *Nous allons poursuivre la digitalisation de l'industrie classique avec le projet d'avenir Industrie 4.0 et l'étendre lors d'une prochaine étape aux services intelligents (Smart services)*[10]. » Cet élargissement du périmètre de l'Industrie 4.0 est réaffirmé à la foire de Hanovre en avril 2015, lorsque les trois pères de l'Industrie 4.0 insistent sur la nécessité de la réorienter vers les services connectés[11].

---

9 Extrait du contrat de coalition de gouvernement entre la CDU, la CSU et le SPD : *Deutschlands Zukunft gestalten. Koalitionsvertrag zwischen CDU, CSU und SPD* (décembre 2013), p. 15. https://www.cdu.de/sites/default/files/media/dokumente/koalitionsvertrag.pdf

10 *Op. cit.*, p. 97.

11 Kagermann Henning, Lukas Wolf-Dieter, Wahlster Wolfgang (2015), « Abschotten ist keine Alternative », *VDI-Nachrichten*, 17 avril.

L'Industrie 4.0 ne connaît pas de frontière politique ou, plus spécifiquement, elle est ici le reflet de l'une des composantes structurantes de l'ADN socioculturel allemand : l'obtention d'un consensus politique sur les enjeux de société et la défense d'un bien commun. L'Industrie 4.0 a d'abord été l'un des projets d'avenir de la stratégie high-tech. Mais on ne peut aujourd'hui le résumer ni à un projet ni à un programme. Son incarnation institutionnelle, la plateforme Industrie 4.0, n'a ni la forme juridique d'une entreprise ni celle d'une association. Elle est avant tout l'expression d'une ambition et représente un intérêt collectif.

A posteriori, la stratégie de l'Industrie 4.0 apparaît comme une vaste entreprise de mise sous tension du système productif allemand. Partant dans un premier temps du monde des équipementiers, centrée sur l'introduction des systèmes cyber-physiques, elle s'étend progressivement aux autres niveaux de la transformation digitale, à savoir l'architecture des modèles d'affaires. En ce sens, la conception et la structuration de cette stratégie est originale au sein des grands pays industrialisés.

Les enjeux d'une quatrième révolution industrielle pour les Allemands

2.0… 3.0… 4.0… : les Allemands ont opté pour la dernière version ! Tous les jours, une étude, un rapport, un article chasse l'autre pour donner son interprétation des faits et enrichir le spectre du numérique dans l'industrie. Difficile de s'y retrouver dans cette masse de matériaux dont l'abondance à elle seule témoigne de l'enjeu qu'il y a à marquer le territoire, en un mot à normer ce champ naissant.

Le concept d'Industrie 4.0 a fait florès en Allemagne dès 2011 à la foire de Hanovre avec la vision d'une industrie qui s'achemine vers la quatrième révolution industrielle [12]. Cette vision s'appuie sur une représentation partagée par l'ensemble des parties prenantes (industrie, État, syndicats, recherche). Elle montre que l'Industrie 4.0 s'inscrit dans l'évolution logique de l'histoire industrielle en étant porteuse non seulement d'avancées technologiques, mais également de progrès en termes d'organisation du travail (cf. figure 2).

À la suite des travaux de Jeremy Rifkin, il est *a contrario* surtout question en France de troisième révolution industrielle avec une approche qui combine une révolution technologique et l'apparition de nouvelles sources d'énergie. Dans ce schéma, la première révolution industrielle est liée à la vapeur et à l'imprimerie ; la deuxième, aux énergies électriques et aux moyens de télécommunication ; et la troisième sera guidée par l'internet et les énergies renouvelables. Cette grille de lecture retient d'autres déterminants que ceux de l'Industrie 4.0 où le fil rouge est celui de l'interaction entre révolution technologique et évolution des modes d'organisation du travail.

---

12   Ce concept d'une quatrième révolution industrielle est également proposé en France par Michèle Debonneuil et David Encaoua pour caractériser le passage à une économie des solutions. Cf. Michèle Debonneuil, David Encaoua (2014), « Innovations contemporaines : contre-performances ou étape transitoire ? », *Revue française d'économie*, n° 29 (2), p. 1-31.

Figure 2 – Les 4 stades des révolutions industrielles

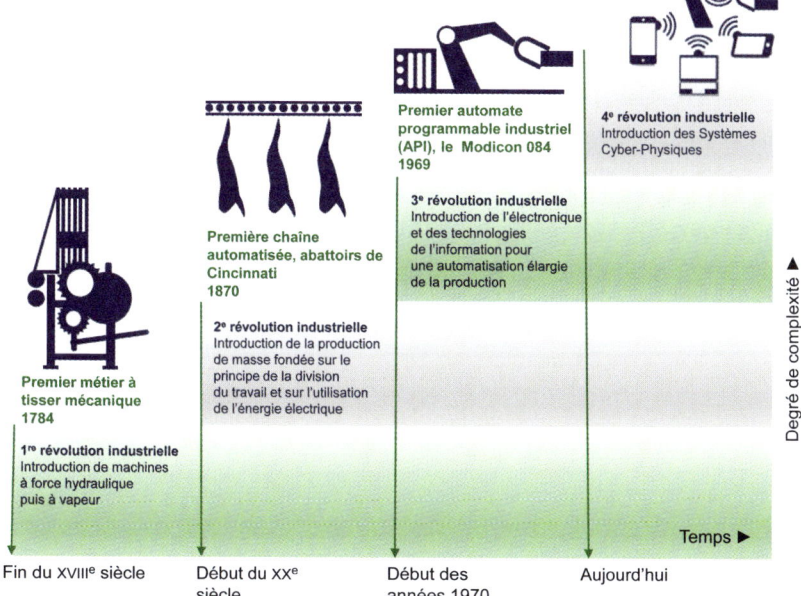

Premier automate programmable industriel (API), le Modicon 084 1969

4e révolution industrielle Introduction des Systèmes Cyber-Physiques

3e révolution industrielle Introduction de l'électronique et des technologies de l'information pour une automatisation élargie de la production

Première chaîne automatisée, abattoirs de Cincinnati 1870

2e révolution industrielle Introduction de la production de masse fondée sur le principe de la division du travail et sur l'utilisation de l'énergie électrique

Premier métier à tisser mécanique 1784

1re révolution industrielle Introduction de machines à force hydraulique puis à vapeur

Degré de complexité ▲

Temps ▶

Fin du XVIIIe siècle   Début du XXe siècle   Début des années 1970   Aujourd'hui

Source : DFKI (2011), repris d'Acatech, Forschungsunion (2013), *Umsetzungsempfehlungen für das Zukunftsprojekt Industrie 4.0 : Abschlussbericht des Arbeitskreises Industrie 4.0*, avril 2013, p. 17.

Faut-il y voir une différenciation dans la structure des systèmes productifs et les spécificités des cultures industrielles française et allemande ? Ces deux grilles offrent des décryptages pertinents. L'intérêt n'est pas d'entrer dans des guerres picrocholines sur le choix du 3.0 ou du 4.0, mais plutôt de se poser la question de la complémentarité stratégique des systèmes productifs français et allemand dans le déploiement de cette révolution numérique.

Dans la longue histoire de l'automatisation, depuis le premier métier à tisser mécanique jusqu'à l'introduction de robots industriels programmables, la rupture introduite par l'Industrie 4.0 repose sur une interconnexion entre les machines *via* l'intégration de systèmes cyber-physiques [13]. Selon la définition de la plateforme Industrie 4.0, « *les systèmes cyber-physiques (SCP) regroupent des systèmes embarqués, des processus de production, logistiques d'ingénierie, de coordination et de management, tout comme des services internet qui utilisent des capteurs pour récupérer des données et agissent sur des processus physiques au moyen d'actionneurs. Ils sont connectés les uns aux autres* via *des réseaux digitaux, utilisent toutes données et services disponibles mondialement, et bénéficient d'interfaces hommes-machines multimodales* [14] ».

13 Pour les termes techniques, le lecteur pourra se référer au lexique des termes techniques page 171.

14 Acatech, Forschungsunion (2013), *Umsetzungsempfehlungen für das Zukunftsprojekt Industrie 4.0: Abschlussbericht des Arbeitskreises Industrie 4.0*, avril, p. 84.

*« L'Industrie 4.0, ce n'est pas l'automatisation. Au contraire,
l'Industrie 4.0 c'est beaucoup moins d'automatisation et beaucoup
plus d'intelligence. »*

Entretien KCC avec Ingo Ruhmann,
ministère fédéral de la Formation et de la Recherche (BMBF)

Mais s'agit-il vraiment d'une révolution ? L'Industrie 4.0 se présente comme le développement logique du *Computer Integrated Manufacturing* mariant désormais l'automatisation avec l'internet. Les systèmes embarqués qui forment la base des systèmes cyber-physiques étaient déjà intégrés dans des véhicules ou dans des machines. De nombreuses industries comme l'automobile ou l'aéronautique étaient très avancées dans l'intégration de ces technologies liées à l'industrie 4.0.

*« L'Industrie 4.0, c'est l'utilisation de l'internet des objets dans
la production, autrement dit un concept marketing appliqué
aux systèmes cyber-physiques. Les systèmes cyber-physiques
permettent de développer des services liés à l'exploitation des
données et de les vendre en plus des machines et des équipements.
Cela peut même conduire à développer des modèles d'affaires où
l'on vend la valeur d'usage des machines et non plus la machine. »*

Entretien KCC avec Dr. Olaf Sauer et Dr. Thomas Usländer,
Institut Fraunhofer IOSB

Pour les industries mécaniques et électrotechniques, il s'agit de faire communiquer des composants, des machines, des systèmes d'âges et de constructeurs différents. Ironie de l'histoire, c'est dans le secteur agricole que ces contraintes sont apparues, donnant lieu à une vague technologique qui fait aujourd'hui des machines agricoles des engins ultra connectés à des systèmes météorologiques, de suivi des récoltes, de l'hygrométrie, de la qualité des sols [15]...

Le cœur du réacteur de l'Industrie 4.0 : le système cyber-physique (SCP)

La transformation induite par l'Industrie 4.0 n'est pas forcément visible. Elle a pour une large part sa source dans des codes et des algorithmes qui permettent de mettre en place des systèmes de production cyber-physiques.

Dans l'usine 4.0, l'introduction de ces systèmes cyber-physiques vise la production de séries de taille 1 (*Losgröße 1*) dans des délais raccourcis et à des coûts identiques à ceux d'une production en grande série.

---

15   Porter Michael, Heppelmann James E. (2014), «Wie smarte Produkte den Wettbewerb verändern », *Harvard Business Review*, décembre, p. 35-60.

« La production industrielle sera caractérisée par une forte personnalisation des produits sous condition d'une production en grande série hautement flexible, l'intégration profonde des clients et des partenaires de business au sein des processus de la chaîne de valeur et le couplage entre la production et les services à haute valeur ajoutée. »

Source : Plattform Industrie 4.0 (2015) [16]

La capacité à répondre plus rapidement aux besoins du client final et de manière personnalisée est un enjeu clé de l'Industrie 4.0.

Les nouvelles usines dont la conception est guidée par la réactivité à la demande et la déclinaison individuelle des produits induisent une redéfinition des flux logistiques avec une nouvelle localisation attendue des sites de production. Comment se reconfigureront par exemple les usines textiles d'Asie du Sud-Est lorsque chaussures et vêtements pourront être produits à la demande dans des espaces industriels et urbains en Europe ?

« Notre objectif au ministère de l'Économie et de l'Énergie est de rendre possible la production individualisée et d'encourager au retour les industries qui ont quitté l'Allemagne. On pourrait ainsi redynamiser les villes. »

Entretien KCC avec Dr. Andreas Goerdeler et Dr. Alexander Tettenborn, ministère fédéral de l'Économie et de l'Énergie (BMWi)

Contrairement aux révolutions industrielles précédentes, le caractère proprement révolutionnaire de l'Industrie 4.0 ne vient pas d'une rupture technologique, mais davantage de l'ajout d'une brique technologique transversale qui interconnecte et synchronise les différents systèmes de production les uns avec les autres, quelle que soit leur localisation géographique. C'est la raison pour laquelle cette révolution est par essence systémique, voire interactionnelle. C'est un nouveau langage qui s'invente entre les machines, entre le produit et les machines, entre les machines et les spécificités de leur environnement, sans parler de la nouvelle possibilité de modélisation en temps réel qui s'établit entre le client et sa commande.

Ce monde de l'Industrie 4.0 confine rapidement à un rêve, à une vision proche de la science-fiction qui tranche avec celle, française, de l'Industrie du futur. Cette dernière est centrée sur des projets individuels impulsés et pilotés par de grands groupes en alliance avec l'État et avec l'écosystème des objets connectés – lequel bénéficie du dynamisme des start-up de l'Hexagone. Les Allemands assument une vision plus industrialo-futuriste en cohérence avec les caractéristiques de leur outil productif et les défis de sa transformation (cf. tableau 1).

---

16 *Umsetzungsstrategie Industrie 4.0: Ergebnisbericht der Plattform Industrie 4.0* (2015), Bitkom/VDMA/ZVEI, avril.

Tableau 1 – Le poids de l'industrie en France et en Allemagne en 2014

	France	Allemagne
Part de l'industrie dans la valeur ajoutée totale (%)	12	22
Production de machines et d'équipements (Mrd €)	49	239
Fabrication de matériel électronique et optique (Mrd €)	33	74
Fabrication d'équipements électriques (Mrd €)	33	117
Stock de robots industriels installés (2014)	30 200	199 000

Source : Eurostat, International Federation of Robotics, 2014.

Un dirigeant du *Mittelstand* souligne ainsi que « *ce qui différencie l'Allemagne, c'est la capacité à penser la complexité et les interconnexions entre les choses* » et il ajoute que « *ce qui fait la force de l'économie allemande, c'est que les "synapses de la pensée transverse" sont bien entraînées* ». Organiser la transversalité en s'affranchissant des limites physiques des machines et des limites conceptuelles entre disciplines prend désormais corps à travers le terme d'interopérabilité.

Cela souligne tout l'enjeu stratégique que représentent dorénavant :
■ la capacité à attirer les meilleurs talents dans les TIC[17] et à normer le champ de nouveaux métiers hybrides entre mondes réel et virtuel ;
■ la vitesse de conception pour définir de nouvelles normes et standards ;
■ le potentiel pour nouer des alliances stratégiques entre pays, branches et entreprises ;
■ et l'aptitude à accepter la vulnérabilité de modèles d'affaires ayant démontré leur robustesse depuis plus de cent ans, mais où la verticalité du système hiérarchique lui-même est devenue le point nodal de l'entropie.

Si le système cyber-physique est au cœur de cette recherche de transversalité, la focalisation allemande sur ce thème s'explique principalement par trois facteurs. Tout d'abord, l'Industrie 4.0 a été conçue comme un projet au sein d'une stratégie high-tech du gouvernement fédéral initiée en 2006. Or, c'est en 2005 que sont lancés aux États-Unis les premiers financements publics *via* la National Science Foundation pour la recherche sur les systèmes cyber-physiques, événement qui a été l'un des déclencheurs de l'initiative allemande.

Ensuite, la configuration initiale du projet Industrie 4.0 a été principalement pilotée par le ministère de la Formation et de la Recherche qui a mis l'accent sur ce concept central, notamment *via* la publication d'un rapport clé sur ce sujet[18]. Enfin, cette notion de système cyber-physique fait écho à la culture allemande d'ingénieurs et de techniciens spécialisés dans la mécatronique.

Un prérequis pour la mise en place de SCP est la compatibilité et l'interopérabilité des systèmes qui imposent la définition de standards de communication communs entre machines (cf. figure 3). Une fois interconnectés, les systèmes

---

17 Pour tous les acronymes, le lecteur pourra se référer au lexique des acronymes page 173.
18 Geisberger Eva, Broy Manfred (2012), *op. cit.*

communiquent les uns avec les autres et sont en mesure de s'autoréguler sans commande centrale. Les lignes de production sont configurables en fonction des commandes clients avec des modules qui peuvent être ajoutés ou retirés, grâce à des fonctions de *plug and work* ou *plug and produce*. Enfin, un modèle virtuel de l'usine sert à tester les différentes configurations de modules, mais également à simuler et piloter l'ensemble du cycle de vie du produit et du processus de production. L'entreprise allemande Trumpf, fabricant de machines-outils qui participe depuis le début aux travaux de la plateforme Industrie 4.0 illustre les évolutions de l'Industrie 1.0 à l'Industrie 4.0 (cf. tableau 2).

Figure 3 – Au cœur de l'Industrie 4.0 : le système cyber-physique (SCP)

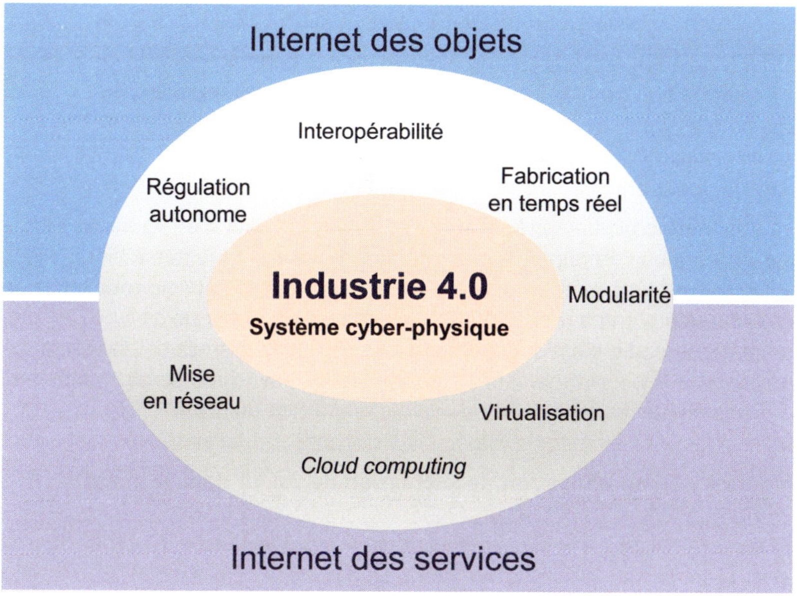

Source : © Conception et réalisation KOHLER Consulting & Coaching (2016) – Industrie 4.0.

L'Industrie 4.0 ne correspond pas à un élargissement du *lean manufacturing*. Elle propose une autre manière d'organiser le temps et l'espace de production et de travail. Il ne s'agit pas tant d'une rationalisation plus poussée des tâches d'exécution que de l'adaptabilité de la chaîne de production, de l'ajustement et de la synchronisation en temps réel des process de production, en fonction de la variabilité des commandes et de la transmission à partir de capteurs des données d'usage.

> *« L'Industrie 4.0 n'est pas un produit, mais une mutation technique porteuse de nouvelles technologies dans la communication des données et la mise en réseau. »*
>
> Entretien KCC avec Karl-Ernst Vathauer,
> CEO de l'entreprise MSF Vathauer

Tableau 2 – L'Industrie 4.0 selon l'entreprise Trumpf

	Hier Industrie 1.0 et 2.0	Aujourd'hui Industrie 3.0	Demain Industrie 4.0
Super-système	**Communication analogique** • Marchés nationaux • Gros calculateurs	**Internet et intranet** • Marchés à l'export • PC	**Internet des objets** • Marchés localisés • Mobile & *cloud computing*
Système	**Néo-taylorisme** • Production avec stocks • Tâche d'exécution • Organisation avec contremaître	***Lean Production*** • Production *just in time* • Orientation process • *Team-Organisation*	***Smart Factory*** • Production individualisée • Production résiliente • Réalité augmentée pour l'opérateur
Sous-système	**Mécanisation** • Machines conventionnelles • Plans de travail • Planches à dessin • Volants de commande	**Automatisation** • Machine-outil à commande numérique • ERP/MES • 3D-CAD/CAD-CAM • Pupitre de commande	**Virtualisation** • *Social Machines* • *Virtual Production* • *Smart Products* • Systèmes mobiles de communication

Source : © Société Trumpf, *Rapport final sur l'Industrie 4.0* (2012), octobre, p. 12.

La transmission instantanée d'information devient la clef de voûte de tout le système ; là où l'emportait la capacité analytique à segmenter, à hiérarchiser, à réduire la complexité, primeront dorénavant la capacité de résolution de problèmes en temps réel, l'aptitude à faire converger les savoir-faire de différents métiers et à coupler les dimensions réelles et virtuelles. L'Industrie 4.0 ne consiste pas à automatiser davantage, mais à synchroniser en temps réel tous les éléments de la chaîne de valeur en partant du client.

Figure 4 – La numérisation de la création de valeur dans le cloud

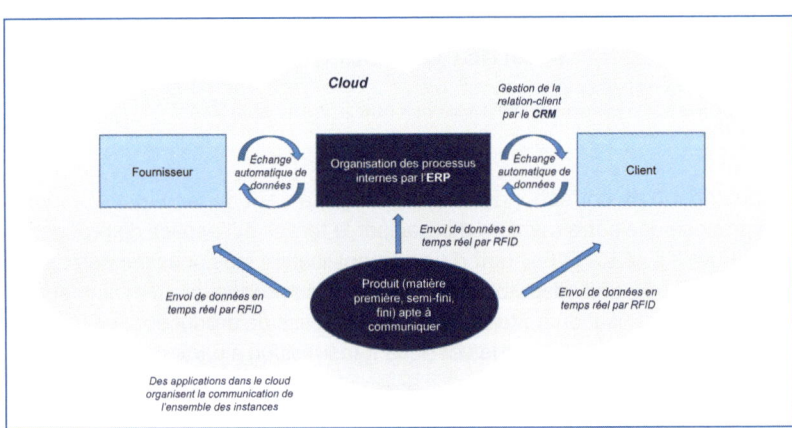

Source : Schröder C. (2015), *Auf dem Weg zur vernetzten Wertschöpfung*, Ifm Bonn Denkpapier, 18 mars.

Cette révolution correspond à la diffusion d'une nouvelle architecture de plus en plus éclatée de la production avec des machines et des pièces usinées qui interagissent et se reconnaissent mutuellement grâce à un pilotage intégré.

Produits et processus de production constituent alors un gigantesque « système productif cyber-physique » innervé par des capteurs et des puces RFID. Selon les paroles d'un expert, le professeur Wolfgang Wahlster du Centre de recherche allemand pour l'intelligence artificielle (Deutsche Forschungszentrum für Künstliche Intelligenz – DFKI) : « *Le protocole IP remplace la carte mère !* »

Si l'introduction des systèmes cyber-physiques dans la production n'est que le premier étage d'une fusée qui vise la transformation digitale de l'économie allemande, l'année 2015 est marquée par la mise à feu du deuxième étage, celui de l'internet des services. Les promoteurs initiaux du concept d'Industrie 4.0 mettent dorénavant l'accent sur la configuration de nouveaux modèles d'affaires attachés à l'exploitation des données d'usage.

Au-delà du seul exemple de la maintenance prédictive [19], le spectre des services potentiels est immense avec des opérateurs de services basés dans le cloud proposant, grâce aux outils du big data, la résolution en temps réel de problèmes complexes d'optimisation industrielle [20].

Il y a donc un double enjeu. Le premier est d'ordre technologique pour créer les conditions de succès de l'interopérabilité et le deuxième est serviciel avec la migration de l'industrie allemande dans le champ des services connectés. L'État allemand a cherché à répondre, en étroite collaboration avec l'industrie et le monde de la recherche, à ce double enjeu.

Les standards : cheval de Troie du leadership industriel

L'enjeu de la standardisation est dès le départ positionné au cœur de la stratégie allemande de l'Industrie 4.0. Quand les États-Unis commencent dans les années 2000 à financer les premiers projets sur les systèmes cyber-physiques, les Allemands comprennent vite qu'ils doivent suivre le mouvement pour rester dans la course et ne pas se faire imposer des standards étrangers [21]. Parallèlement, la pression commence à s'exercer sur les fabricants de machines-outils pour garantir leur interopérabilité.

> *« L'Industrie 4.0, c'est la fin du câble ! Il s'agit d'une communication sans fil aux interstices entre l'homme, la machine et les robots. Mais, pour cela, les producteurs doivent se mettre d'accord sur les standards. »*
>
> Entretien KCC avec Dieter Faude, CEO de Faude Group

Selon les chefs d'entreprise, le principal défi de l'Industrie 4.0 est la standardisation [22]. Leur conviction est sans appel : celui qui imposera les standards technologiques avec lesquels les machines communiqueront aura accès à

19 Acatech (2015), *Smart Service Welt. Umsetzungsempfehlungen für das Zukunftsprojekt Internetbasierte Dienste für die Wirtschaft*, mars, p. 58.
20 PwC (2014), *Industrie 4.0. Chancen und Herausforderungen der vierten industriellen Revolution*, octobre, p. 25.
21 Geisberger Eva; Broy Manfred (2012), *op. cit.*
22 Acatech (2013), *Umsetzungsempfehlungen für das Zukunftsprojekt Industrie 4.0. Abschlussbericht des Arbeitskreises Industrie 4.0*, p. 29.

un marché de plusieurs milliards d'euros : les standards sont une condition nécessaire pour pouvoir transformer les résultats de la recherche en produits achetés par les clients !

Les Allemands, avec notamment la première plateforme Industrie 4.0 (cf. partie 5.2), se sont très largement focalisés sur la standardisation et donc la mobilisation des instances de normalisation – tout particulièrement la Commission allemande des technologies électriques, électroniques et informatiques (DKE)[23] pour construire un arsenal de normes évoluant avec l'avancée des travaux[24].

Mais de quelle standardisation est-il question ?

Comme le montre la figure 5, issue d'une présentation du professeur Wahlster du Centre de recherche allemand pour l'intelligence artificielle (DFKI), il existe 4 niveaux de standards avec à la clé des enjeux de normalisation :
- les standards pour la méta-description de la sémantique des services ;
- les standards permettant l'interopérabilité sémantique avec l'utilisation d'un même langage ;
- les standards de communication comme le protocole TCP-IP ;
- les standards mécatroniques de base permettant l'interopérabilité technique des connecteurs.

Figure 5 – Les normes et les standards, facteurs clés de succès pour l'Industrie 4.0

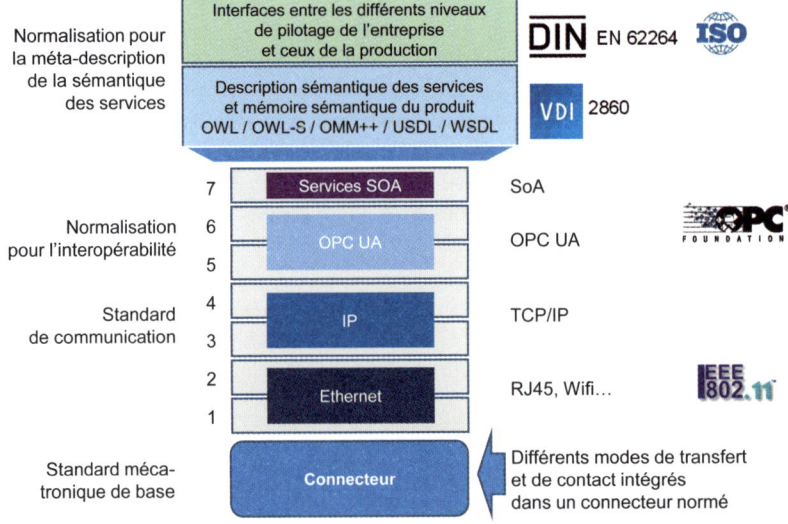

Source : adapté de « Normung und Standardisierung – Schlüssel zum Erfolg von Industrie 4.0 ». Présentation de Wolfgang Wahlster au workshop organisé par la plateforme Industrie 4.0 et le DKE sous l'égide du BMWi (février 2014).

---

23 Le DKE (Deutsche Kommission Elektrotechnik Elektronik Informationstechnik in DIN und VDE) est une organisation commune au DIN (Institut allemand de standardisation) et au VDE (Association pour les technologies électrique, électronique et informatique). Dans ces domaines, le DKE est responsable de la création et du suivi des standards et des spécifications de sécurité.

24 Le site du DKE présente ainsi de manière actualisée la liste des normes : https://www.dke.de/de/std/Industrie40/Seiten/NormeninIndustrie40.aspx

Un niveau particulièrement critique en termes d'avancée est celui des standards d'interopérabilité. C'est à ce niveau qu'existent des enjeux majeurs avec le risque que des grandes entreprises ne développent et n'imposent des interfaces qui leur soient spécifiques, au détriment de standards ouverts.

Les principaux acteurs de l'industrie allemande et les instituts Fraunhofer ont fait le choix de favoriser un standard ouvert dont les versions antérieures étaient déjà largement diffusées dans l'industrie : l'OPC UA[25]. Ce standard est utilisé pour connecter de manière sécurisée et fiable une grande variété de systèmes et d'équipements (cf. fiche n° 1). Il a été retenu par des entreprises comme General Electric, ABB, Bosch Rexroth, Siemens, ThyssenKrupp, Beckhoff, Schneider Electric, Festo, Phoenix Contact, Harting…

Des alliances se nouent pour exploiter ce standard. Par exemple, début 2014, Harting et Siemens ont créé un groupe de travail au sein de la branche allemande de l'AIM (Association for Automatic Identification and Mobility), afin de développer une interface de communication pour l'auto-identification des équipements (AutoID). Conçue en collaboration avec la fondation OPC[26], elle a été présentée à la foire de Hanovre en 2015. L'OPC UA est reconnu comme standard par l'IEC (International Electrotechnical Commission) et il a été inclus dans la feuille de route de la standardisation développée par le VDE, le ZVEI et le DKE.

Un enjeu consiste maintenant à faire connaître et à diffuser ces standards dans le tissu industriel et notamment dans le *Mittelstand*.

Fiche n° 1

Le standard de communication OPC UA

- Apparu à la fin des années 1990, OPC (*Object Linking and Embedding for Process Control*) est un standard pour l'échange de données entre les équipements industriels et le système de commande et de supervision basé sur PC. Il comportait plusieurs modules (Data Access, Alarm & Events…) qui ont été intégrés au sein d'une version unique : l'OPC UA (*Unified Architecture*).

- Le standard OPC UA permet, en s'affranchissant des problèmes d'installation et d'actualisation de pilotes, de relier le lecteur RFID, les API, les applications de communication entre machines (M2M) avec l'ERP.

- Longtemps lié à Microsoft Windows, le standard OPC UA a évolué en 2008 pour être compatible avec tous types de plateformes. Basé sur une architecture orientée services (SOA) et des web services (réseaux distants), il permet la création d'applications multi-sites avec une sécurité de communication renforcée. Ce standard est également sorti du monde des automatistes pour s'appliquer aux systèmes de gestion (ERP et MES).

---

25 OPC UA pour *Object Linking and Embedding for Process Control Unified Architecture*.
26 https://opcfoundation.org

*« Il est nécessaire d'expliquer très tôt l'Industrie 4.0 aux petites
entreprises du Mittelstand et de leur proposer des produits pour
soutenir le développement de standards. »*

Entretien KCC avec Bernd Kärcher,
directeur du département composants mécatroniques et Industrie 4.0, Festo AG

Quand la construction d'un nouvel imaginaire industriel chasse la peur

Au-delà des sujets techniques et technologiques, la mobilisation des acteurs économiques dans cette aventure Industrie 4.0 a nécessité la construction d'une vision, premier acte de la stratégie politique. Comme l'affirme Henning Kagermann, président de l'Académie allemande des technologies, « *nous sommes le premier pays à avoir élaboré une vision cohérente et exhaustive sur l'avenir de l'Allemagne comme site de production, une vision portée par tous, que ce soit par l'industrie, le monde politique,* les syndicats *ou la science*[27] ».

Des interlocuteurs fortement impliqués dans l'Industrie 4.0 ont résumé les facteurs clés de succès de la manière suivante : « *Pour réussir, vous avez besoin d'un concept, d'une* dream team *et de beaucoup de travail de communication.* »

Henning Kagermann, ancien haut dirigeant de SAP, est l'un des trois pères de la notion d'Industrie 4.0. Avec Wolfgang Wahlster, président du DFKI, et Wolf-Dieter Lukas, responsable des technologies clés au ministère fédéral de la Formation et de la Recherche, il est partie prenante de cette *dream team* qui a présenté ce concept en 2011 à la foire de Hanovre[28]. Et nous les retrouvons en 2013 lors de la remise du rapport du groupe de travail Industrie 4.0 à Angela Merkel et, en 2015, pour signifier l'importance plus prononcée donnée à l'internet des services.

Rythmée par les éditions du CeBIT, de la foire de Hanovre, du sommet (*IT Gipfel*), la diffusion de l'Industrie 4.0 s'appuie sur la construction d'un nouvel imaginaire industriel où le rapport entre l'homme, les machines, l'atelier, l'usine et les produits est redéfini (cf. partie 3).

La dynamique de cet imaginaire est portée à la fois par les menaces perçues sur le leadership industriel allemand, mais également par les opportunités liées au potentiel de marché offert par l'Industrie 4.0.

Les études sur les perspectives de marché liées à l'internet des objets et à l'Industrie 4.0 se sont multipliées ces dernières années. En synthèse, la croissance annuelle estimée du chiffre d'affaires induite à l'horizon 2020 par l'Industrie 4.0 varie entre 20 Mrd € pour Roland Berger et 30 Mrd € pour PwC[29].

---

27 Prof. Dr. Henning Kagermann, « Nous sommes le premier pays à avoir une vision », interview à *Deutschland.de*, 14 janvier 2014.

28 À ce triumvirat, il faut ajouter Siegfried Dais qui a également joué un rôle essentiel dans cette aventure Industrie 4.0. Ancien dirigeant de Bosch et tout particulièrement de sa filiale Bosch Rexroth, il a quitté son poste en 2012 pour devenir associé de la société en commandite Robert Bosch Industrietreuhand KG.

29 Bundesministerium für Wirtschaft und Energie (2015), *Industrie 4.0. Volks– und betriebswirtschaftliche Faktoren für den Standort Deutschland*, avril, p. 22

Pour le périmètre de l'Union européenne, c'est un potentiel d'investissement annuel de près de 91 Mrd € qui est attendu, soit près de 1 350 Mrd € d'ici 2030[30].

> *« Le potentiel de création de valeur résultant de la coopération entre la construction mécanique et les TIC dans l'Industrie 4.0 est énorme. Des études évaluent les gains de productivité possibles à 30 %. »*
>
> Entretien KCC avec Dr. Andreas Goerdeler et Dr. Alexander Tettenborn, ministère fédéral de l'Économie et de l'Énergie (BMWi)

Mais le paysage est hétérogène, comme le montre une étude réalisée par le cabinet Accenture (cf. figure 6), avec des champions de la numérisation (automobile, IT, électronique et high-tech), des challengers (construction de machines et d'équipements) et des industries ne mobilisant pas encore la numérisation comme un outil central de leur performance économique (sous-traitants automobiles, industrie chimique…).

Figure 6 – Performance économique et degré de digitalisation selon les branches

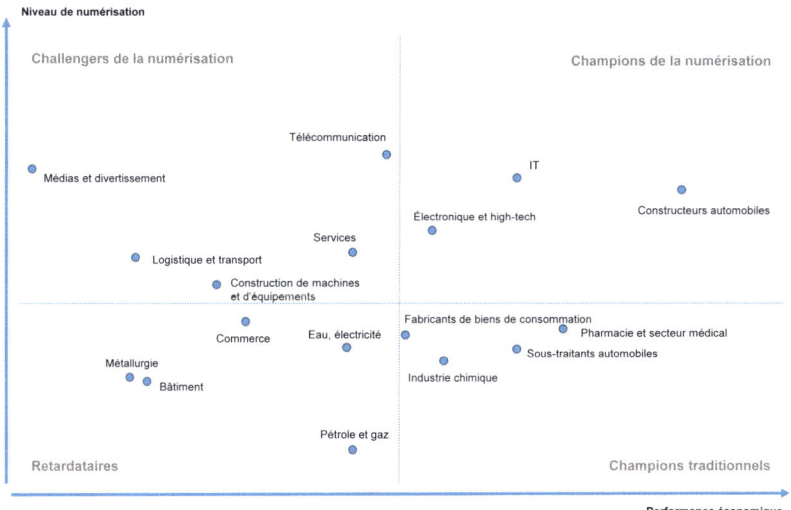

Source : Accenture (2014), *Neue Geschäfte, neue Wettbewerber. Die Top 500 vor der digitalen Herausforderung*, 20 p.

Le tableau 3 présente les gains attendus pour les principales branches de l'industrie estimés par les deux études considérées dans la publication du BMWi comme les références : celle de PwC et celle menée par le Bitkom et l'Institut Fraunhofer IAO. Il montre que cette hiérarchie entre branches combinant performance économique et degré de numérisation se trouve renforcée par les gains attendus de l'Industrie 4.0.

---

30 *Op. cit.*, p. 7.

Ce sont d'abord les « challengers de la numérisation », les constructeurs de machines et d'équipements qui profiteraient de l'Industrie 4.0 avec une croissance annuelle du chiffre d'affaires total comprise entre 6,4 et 6,7 Mrd €.

Parmi les champions de la numérisation, les branches de l'IT et de l'électronique devraient bénéficier d'une croissance annuelle supplémentaire comprise entre 3 et 5 Mrd € par an. Les résultats des études divergent en revanche pour l'automobile, mais aussi pour les industries de process.

Une synthèse réalisée pour le compte du ministère fédéral en charge de l'Économie et de l'Énergie (BMWi) reprend les chiffres de l'étude PwC pour calculer le potentiel de croissance du marché de l'Industrie 4.0 en Allemagne d'ici 2020. Il atteint 153,5 Mrd € : 52,5 Mrd € dans l'automobile, 32 Mrd € dans la construction de machines et d'équipements, 30 Mrd € dans les industries de process, 23,5 Mrd € dans l'électronique et 15 Mrd € dans les technologies de l'information et de la communication.

Tableau 3 – Le potentiel de croissance lié à l'Industrie 4.0 : évolution annuelle du chiffre d'affaires en Mrd €

	Étude PwC 2014	Étude Bitkom, Fraunhofer IAO 2014
Horizon temporel	2020	2013-2025
Méthodologie	Sondage auprès d'entreprises industrielles (235)	Dires d'experts (8)
Industrie chimique	-	3,5
Industrie de process	6,0	-
Véhicules et pièces	10,5	4,3
Machines et équipements	6,4	6,7
Équipements électriques	-	3,5
Industries électrique et électrotechnique	4,7	-
Agriculture, sylviculture	-	0,8
Techn. inf. et com. (TIC)	3,0	4,1
Potentiel total des 6 branches	30,7	23,0

Source : PwC (2014), *Industrie 4.0. Chancen und Herausforderungen der vierten industriellen Revolution*, octobre, 50 p ; Bitkom, Fraunhofer IAO (2014), *Industrie 4.0 – Volkswirtschaftliches Potenzial für Deutschland*, 43 p., retraitements réalisés par KOHLER Consulting & Coaching.

Ces estimations sont à considérer avec prudence car elles sont établies à partir de prévisions de cabinets de conseil et d'experts, très optimistes sur la croissance du numérique. La méthode utilisée pour ces calculs de prévisions est tenue confidentielle et l'horizon de temps concerné laisse augurer quelques marges d'incertitude. Quant aux hypothèses de calcul, elles considèrent comme acquis le caractère massif des investissements au cours de prochaines années, une conversion du *Mittelstand* à l'Industrie 4.0 et une capacité de l'industrie allemande à s'imposer comme leader sur le marché des solutions Industrie 4.0.

Face à cette offensive de communication et à ces prévisions optimistes, il est naturel de se demander quelle est la part de réel et de rêve dans l'Industrie 4.0. Cette oscillation entre temps présent et projections est d'ailleurs renforcée par l'absence de définition canonique d'Industrie 4.0 unanimement acceptée. Mais est-ce un problème ? Comme le soulignent Nicolas Colin et Henri Verdier, « *l'innovation permanente est désormais l'état normal de la technologie. […] La technologie est désormais entre toutes les mains et les limites résident dans la capacité de vision, la capacité à intégrer l'innovation venue de dehors (open innovation) ou la capacité à capter toute la créativité externe*[31] ».

> « *Personne ne peut pour l'instant réellement dire ce que sera l'Industrie 4.0, car beaucoup de choses en sont encore au stade embryonnaire.* »
>
> Entretien KCC avec Günter Korder,
> Managing Director Cluster It's OWL

Par ailleurs, ramener l'Industrie 4.0 au rang d'un simple concept marketing reviendrait à méconnaître quelques particularités allemandes. Les Allemands sont des champions pour définir des concepts de ce type, au contenu protéiforme, mais qui ont des effets socio-économiques très concrets.

> « *Il n'y aura jamais un point où nous pourrons nous dire que nous avons atteint l'Industrie 4.0 ! Pour cela, ce thème est beaucoup trop étendu.* »
>
> Entretien KCC avec Klaus Kronberger,
> CEO de l'entreprise Adiro

L'Industrie 4.0, comme le concept de l'économie sociale de marché (*soziale Markwirtschaft*) ou celui du *Mittelstand*, fait partie en Allemagne de ces concepts emblématiques. À l'instar de ces notions, l'Industrie 4.0 représente un mythe qui crée des effets mobilisateurs au sein de la société civile. Cette stratégie dépasse largement les seules frontières de l'entreprise. Elle a vocation à nommer un projet de société dans un pays où l'attachement à l'industrie est inscrit dans l'ADN national.

> *Extraits des 17 thèses du conseil scientifique de la plateforme Industrie 4.0 :*
>
> « *De multiples possibilités s'offriront pour construire une organisation du travail orientée vers l'humain, notamment en termes d'auto-organisation et d'autonomie et tout particulièrement pour une conception du travail adaptée aux différentes générations des collaborateurs.* »

---

31   Colin Nicolas, Verdier Henri (2015), *L'Âge de la multitude*, 2e édition, Paris, Armand Colin, p. 55-56.

« L'Industrie 4.0 doit être comprise comme un système sociotechnique qui offre la chance d'élargir nettement le spectre des tâches des collaborateurs, tout comme leurs qualifications, leurs marges de manœuvre et leur accès à la connaissance. »

Source : Plattform Industrie 4.0

Les dimensions technologiques promues par l'Industrie 4.0 sont ainsi pensées en interaction avec le facteur humain et l'organisation du travail comme le montrent les 17 thèses du conseil scientifique de la plateforme Industrie 4.0[32].

L'Industrie 4.0 est présentée par les Allemands comme un triptyque articulant ces trois dimensions, d'où la tentation de parler de l'avènement d'un nouveau paradigme industriel et sociétal.

Figure 7 – Le triptyque « homme, technologie, organisation »

Source : © Conception et réalisation KOHLER Consulting & Coaching (2016) – Industrie 4.0.

L'Industrie 4.0 se présente comme la construction d'un nouvel imaginaire industriel destiné à chasser la peur face aux menaces sur le leadership industriel allemand, à accepter les incertitudes, à miser sur des alliances stratégiques pour déjouer le pouvoir intrusif des géants de l'internet, à saisir les opportunités de croissance, à miser sur un leadership collectif. Enfin, elle cherche à faire rêver à une révolution technologique non seulement une population d'ingénieurs et d'informaticiens, mais aussi une société entière.

---

32 Plattform Industrie 4.0 (2015), *Neue Chancen für unsere Produktion – 17 Thesen des wissenschaftlichen Beirats der Plattform Industrie 4.0*, 8 p.

2

Quel impact
de la révolution numérique
sur la chaîne de valeur?

Les technologies liées au numérique ont trois niveaux d'impact sur l'entreprise qui peuvent rapidement donner le tournis. Tout d'abord, les nouveaux moyens de production transforment la chaîne de valeur en modifiant les équilibres et les frontières entre les fonctions et les activités avec l'évolution des systèmes d'information, de planification, de production, de conception et de gestion logistique. En outre, l'entreprise se trouve de plus en plus déterminée par la qualité de sa *supply chain*, notamment dans sa relation avec ses clients. Enfin, avec le développement de marchés liés à l'exploitation des données d'usage, c'est l'ensemble de son modèle d'affaires qui peut être remis en question.

C'est donc toute la chaîne de valeur industrielle qui est concernée, notamment les producteurs d'équipements avec à la clé des débouchés qui se chiffrent en centaines de milliards d'euros. Ce sont de formidables défis lancés aux acteurs pour adapter leurs organisations et préserver ou reconstruire leurs avantages compétitifs.

2

Quel impact
de la révolution
numérique
sur la chaîne
de valeur ?

La reconfiguration de la chaîne de valeur

La chaîne de valeur articule les fonctions qui concourent à la production, des achats de matières premières jusqu'à la livraison du produit fini, en passant par la conception et tous les processus de fabrication associés et sous-tendus par la *supply chain* (cf. figure 8).

Structurant cette chaîne de valeur, les flux d'information sont organisés selon une logique verticale. Les progiciels de gestion intégrés (ERP) comprennent les modules permettant de gérer tout ou partie des activités de support comme la comptabilité générale et analytique, les achats, les ressources humaines, la relation client. Un problème récurrent dans l'entreprise est l'efficacité de l'interaction entre ce système et ceux qui gèrent les activités de base liées à la production et à la logistique. Ces systèmes de gestion des processus industriels sont eux-mêmes organisés selon une logique verticale appelée la « pyramide de l'automatisation » (cf. figure 9). Dans le progiciel de gestion de production (MES), les informations liées à la production remontent depuis l'atelier.

L'introduction de la numérisation entraîne un aplatissement de cette pyramide de l'automatisation, comme le montre l'analyse du cas concret n° 1. Dans l'entreprise Maschinenfabrik Reinhausen, les premières briques de l'Industrie 4.0 ont été posées en réalisant de manière pragmatique un MES (*Manufacturing Executing System*) maison qui interconnecte l'ensemble des outils de la production.

À un stade plus avancé dans l'Industrie 4.0, certains experts parlent même d'un renversement de la pyramide de l'automatisation pour signifier que c'est désormais le produit qui pilote l'ensemble de son processus de production selon une logique *bottom-up*.

Figure 8 – Une représentation classique de la chaîne de valeur

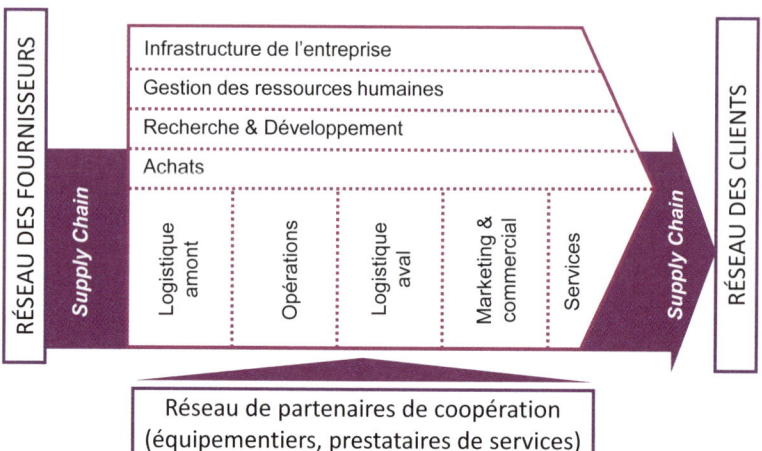

Source : © Conception et réalisation KOHLER Consulting & Coaching (2016) – Industrie 4.0.

« La hiérarchie qui prévalait dans le pilotage de la production, depuis les unités de commande jusqu'à la commande de la machine et les capteurs en passant par celle des cellules, est remplacée par une communication horizontale au moyen de laquelle tous les composants automatisés peuvent communiquer à la fois les uns avec les autres, mais également avec la pièce en cours de fabrication et avec les hommes.

Cette communication ne se limite pas aux halles de production, mais s'étend également à toute la chaîne de création de valeur. Cette intelligence mise en réseau de manière décentralisée rend possible un nouveau saut de productivité et, par là-même, la quatrième révolution industrielle. »

Entretien KCC avec Dr.-Ing. Michael Haag,
directeur recherche et développement de KUKA Roboter GmbH

Figure 9 – La pyramide de l'automatisation

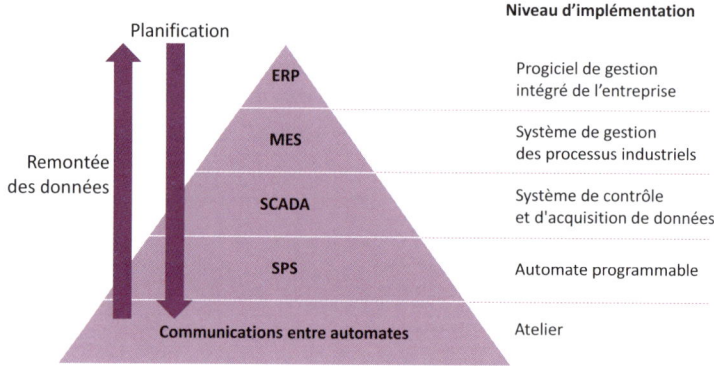

Source : *Industrie 4.0 – durchgängig vom Sensor bis zum ERP-System, ein neuer Ansatz, Vortrag Clusterforum* (2013).

Un MES maison pour en finir avec la multiplication des interfaces

Les outils composant les systèmes d'information de production sont nombreux : parc machines, parc outils, magasin, conception, méthodes… De multiples interfaces sont créées pour les relier avec des défauts bien identifiés : redondance des données, poids de la maintenance, erreurs de saisie, ralentissement des processus. L'entreprise Maschinenfabrik Reinhausen (Bavière), fabricant de transformateurs de puissance, parle d'une « *solution spaghettis* » pour décrire cet enchevêtrement de liaisons destinées à alimenter la base de données de production.

C'est la raison pour laquelle l'entreprise a créé son propre système de gestion des processus industriels (MES), le MR-CM qui est le résultat d'un développement réalisé pas à pas depuis près de vingt-cinq ans.

Ce MES relie directement l'ERP et le niveau des outils de gestion des processus de production *via* des interfaces sans recourir à une base de données intermédiaire. Dès qu'un ordre de fabrication est lancé par le système de planification de la production, le MES MR-CM pilote et contrôle l'ensemble du cycle de production tout en remontant l'information pertinente dans l'ERP : état d'avancement, finalisation de l'ordre de fabrication.

Les interfaces simples et ergonomiques sont basées sur le web et permettent un suivi en temps réel de l'utilisation des machines.

Aujourd'hui, l'entreprise Maschinenfabrik Reinhausen ne se contente pas d'équiper ses propres sites avec cet outil. Elle a développé une activité spécifique pour vendre sa solution de MES à d'autres entreprises du secteur de la transformation des métaux.

Cette solution ne couvre certes qu'une partie du périmètre de l'Industrie 4.0, mais elle présente l'avantage d'être éprouvée et de proposer aux *Mittelständler* des gains très concrets.

2

Quel impact de la révolution numérique sur la chaîne de valeur ?

Les systèmes d'information viennent appuyer l'introduction de l'Industrie 4.0 dans la production. Pour les équipementiers, cela implique la construction de machines qui communiquent les unes avec les autres, indifféremment de leur date de construction et de la marque de leur constructeur. Les équipements doivent également être modulaires pour produire des petites séries. L'usine devient une sorte de « meccano » composé de pièces de Lego, les briques pouvant être agencées en fonction des évolutions des commandes clients.

Les fabricants des équipements connectés doivent à la fois intégrer l'Industrie 4.0 dans leurs propres équipements et dans ceux qu'ils vendent. C'est le cas de l'usine Siemens d'Amberg où le système d'automatisation Simatic produit des cartes mères pour les composants Simatic que Siemens intègre dans les équipements vendus à ses clients (cf. cas concret n° 2). Il s'agit là d'une chaîne de production qui pousse l'automatisation dans ses derniers retranchements.

L'automatisation au service du zéro défaut

L'usine d'Amberg est le démonstrateur de l'offre intégrée « Software pour l'Industrie » de Siemens. Une usine sœur a été également construite en Chine à Chengdu.

Cette usine, qui emploie 1 000 personnes, fabrique des composants de la gamme de systèmes d'automatisation Simatic de Siemens pour plus de 60 000 clients. L'usine est elle-même équipée de matériels intégrant ces composants : « *Les Simatic produisent des Simatic.* »

Elle assemble des cartes mères à la vitesse d'un produit à la seconde et avec un degré impressionnant de fiabilité. Le zéro défaut semble devenir réalité avec un taux de qualité de 99,9988 % (12 ppm).

Cette performance – obtenue grâce à un taux d'automatisation de plus de 75 % dans la production et les flux de matériaux et d'information – a permis de réduire les coûts de près de 25 %. L'installation comporte plus de 1 000 scanners et presque autant de points de mesure *online*.

La capacité à produire de petites séries est une caractéristique centrale de l'Industrie 4.0. Sur son site de Homburg en Sarre, la société Bosch Rexroth a construit une ligne de montage pilote qui est, selon l'avis de plusieurs experts, la plus proche d'un modèle de l'Industrie 4.0. Les gains en termes de productivité, de qualité et de BFR (besoin en fonds de roulement) y sont significatifs (cf. cas concret nº 3).

Une nouvelle conception de l'organisation de la production et du travail

Le site nº 2 de l'usine Bosch Rexroth d'Homburg en Sarre a reçu en décembre 2014 le prix Industrie 4.0 décerné lors du forum annuel. Ce site était confronté à des goulots d'étranglement dans la fabrication de valves hydrauliques pour les machines agricoles. En l'espace d'une année, une nouvelle ligne d'assemblage a été mise en place. Mobilisant 5 opérateurs, cette ligne pilote remplace 6 lignes de production et permet de fabriquer 6 familles de produits avec plus de 200 variantes et plus de 2 000 composants individuels.

Cette ligne illustre 4 dimensions de l'Industrie 4.0 :

- Une identification des produits par puces RFID en lien avec le plan de production, le produit informant la ligne de production des étapes du process et des réglages nécessaires – ce qui a permis, en lien avec les fournisseurs et les clients, de gagner 10 % de productivité et de réduire le stock de 30 %.

- Des stations de travail modulaires avec une actualisation de la représentation virtuelle de la chaîne.
- Un ajustement automatique et ergonomique de la station et/ou de la machine à l'opérateur et à son niveau de compétences. Ce dernier porte dans ses vêtements une puce RFID. Des évolutions restent à réaliser, la reconnaissance automatique du niveau de compétences de l'opérateur ne comprenant pour l'instant que deux niveaux : novice et expert.
- Un statut de la ligne de production, du produit et des données de stocks remontant dans le MES et l'ERP avec un reporting en temps réel.

Cette ligne pilote permet d'importants gains de productivité avec une mise en route quasi instantanée, alors que les lignes précédentes nécessitaient 5 à 30 minutes de réglages. Enfin, le niveau de stocks est passé de 2 jours à moins de 24 heures.

2

Quel impact
de la révolution
numérique
sur la chaîne
de valeur ?

En complément de la mise en place d'outils et de transformation du processus de production, le dernier niveau dans la reconfiguration de la chaîne de valeur concerne le développement d'outils et de méthodes « d'ingénierie des systèmes ». Il s'agit de construire un *workflow* combinant l'ensemble des outils de gestion du cycle de vie du produit : caractérisation du besoin client, planification du portefeuille de produit, conception du produit, planification et ingénierie de sa production, tests, mise en production, montée en cadence, production, préparation et, enfin, gestion des services liés au produit. L'objectif est triple :
- réduire le délai entre la R&D et la conception du produit et sa mise sur le marché (*time to market*) ;
- créer des effets de coopération au sein de l'entreprise en abandonnant le fonctionnement séquentiel et cloisonné entre les fonctions ;
- intégrer le feedback du client à tous les stades de la gestion du cycle de vie du produit.

Les grandes manœuvres ont bien entendu commencé sur ce marché prometteur d'ingénierie des systèmes Industrie 4.0.

Dans son usine d'Amberg, Siemens annonce un délai de livraison de 24 heures grâce à une intégration du développement et de la production. Avec l'utilisation de son outil de gestion du cycle de vie du produit (PLM), l'entreprise affirme que le délai de *time to market* peut être réduit de 50 %.

De son côté, Dassault Systèmes propose une plateforme 3DEXPERIENCE® qui permet de modéliser en 3D l'ensemble du cycle de vie du produit avant même qu'une seule pièce ne soit produite. La modélisation de systèmes techniques complexes, qu'il s'agisse d'un produit ou d'un processus de production, permet ultérieurement de développer ces systèmes plus rapidement et à des coûts moindres. Dans ce domaine, les premiers résultats du projet mené par Dassault Systèmes avec la société Miele et l'Institut Fraunhofer IPT (technologies de production) ont été présentés à la foire de Hanovre 2015 (cf. cas concret n° 4).

La conception virtuelle d'une machine à laver le linge sans eau

Fabricant d'une large gamme d'appareils électroménagers, la société Miele est confrontée à une complexité croissante de ses processus de développement produits.

Miele collabore depuis 2013 avec l'Institut Fraunhofer IPT qui apporte sa méthode CONSENS (*CONceptual design technique for the Specification of complex ENgineering Systems*) et avec Dassault Systèmes qui propose sa plateforme 3DEXPERIENCE®. Cette plateforme réunit l'ensemble des stades et des outils de conception, et permet ainsi de modéliser tous les stades de vie du produit, de l'idée à la mise sur marché en passant par la fabrication, avec l'objectif de réduire le *time to market*.

Elle permet ainsi d'associer l'ensemble des fonctions de l'entreprise au processus de développement du produit et de profiter d'apports multidisciplinaires.

À la foire de Hanovre 2015, l'exemple de la conception d'une machine à laver le linge n'utilisant plus d'eau, mais de la vapeur d'eau, a permis de démontrer comment le produit et son processus de fabrication peuvent être développés virtuellement.

Le redimensionnement de la *supply chain*

L'autre conséquence anticipée de l'introduction de l'Industrie 4.0 dans les entreprises industrielles est une imbrication entre clients et fournisseurs le long des réseaux de la chaîne de création de valeur. Les Allemands ne parlent pas de filières, mais de « *réseaux ou de chaînes de création de valeur* » (*Wertschöpfungskette* ou *Wertschöpfungsnetzwerke*) qui lient les différents acteurs, leurs valeurs ajoutées et savoir-faire pour concourir à la fabrication d'un produit donné.

La révolution numérique se caractérise par la réorganisation de cette chaîne en fonction du besoin final du client. Toute la chaîne de production doit être en mesure de fabriquer des biens personnalisés demandés par le client : la commande déclenche directement les approvisionnements tout le long de la *supply chain*.

> « *La réduction des délais de livraison donne à l'IT une fonction de contrôle sur toute la* supply chain *qui se trouve toujours plus mise sous pression.* »
>
> Entretien KCC avec Ingo Ruhmann,
> ministère fédéral de la Formation et de la Recherche (BMBF)

Cette mise sous tension sur la *supply chain* se transmet à l'ensemble des opérations : site de production, ligne de production, station de travail, gestion des ressources, machines, composants, matières…

Figure 10 – Des interfaces entre la *supply chain* et les opérations qui sont mises sous tension

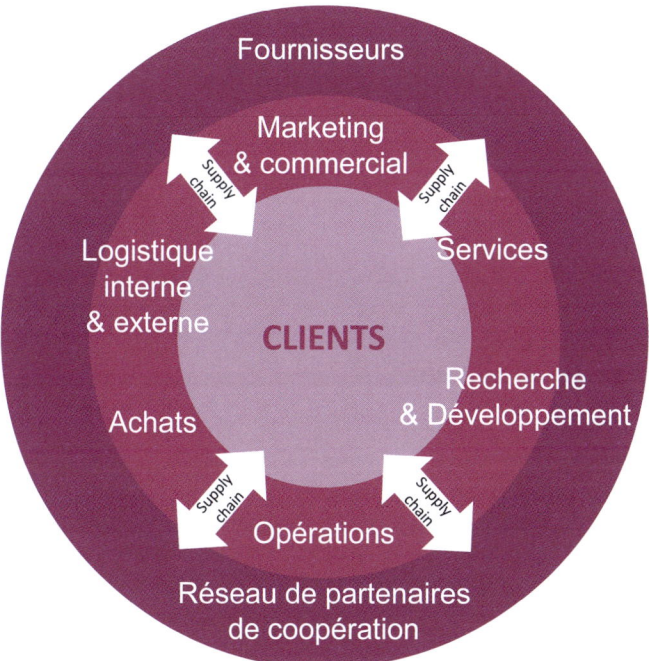

Source : © Conception et réalisation KOHLER Consulting & Coaching (2016) – Industrie 4.0.

2

Quel impact
de la révolution
numérique
sur la chaîne
de valeur ?

La commande est soumise à un impératif croissant de réduction du délai de livraison et de personnalisation qui tend toute la chaîne de production, depuis le client jusqu'aux fournisseurs de rang 1 et 2. À moyen terme, les systèmes de gestion du cycle de vie du produit exerceront également une forte contrainte sur toute la chaîne de création de valeur avec la personnalisation croissante des produits et l'évolution parfois rapide de contraintes réglementaires, notamment celles liées à l'environnement.

Dans les industries B to C, cet impératif de vitesse conduit à privilégier la proximité entre les unités de production et les lieux de consommation, car il semble absurde d'investir dans la modularité et l'usine flexible pour perdre ensuite ce temps en transport. La délocalisation à l'international motivée par l'optimisation des coûts salariaux sera de moins en moins de mise pour la fabrication de produits, même à faible valeur ajoutée. Comme le souligne Pierre Veltz, « *la qualité, le service, la réactivité et l'innovation* […] *sont devenus des composantes cruciales* […], *elles ne* [relèvent] *pas du tout des mêmes logiques gestionnaires et organisationnelles que la réduction des coûts de main-d'œuvre en fabrication*[1] ».

---

1   Pierre Veltz (2015), « Vers le monde hyperindustriel », *in* Pierre Veltz et Thierry Weil (dir.), *L'Industrie, notre avenir*, Paris, Eyrolles, p. 32.

Par exemple, la réactivité à la demande du client est au cœur du projet *Speedfactory* d'Adidas pour produire à la demande des chaussures de sport, là où sont localisés les clients (cf. cas concret n° 5).

Cas concret n° 5

L'usine de chaussures au format d'un camion de 38 tonnes

En 2013, plus de 250 millions de paires de chaussures du groupe Adidas ont été produites pour près de 90 % au Vietnam, en Chine et en Indonésie.

Le projet *Speedfactory* lancé en Allemagne, avec le soutien du programme « Autonomik 4.0 » du ministère fédéral de l'Économie et de l'Énergie, vise à développer une chaîne automatisée capable de fabriquer les plus petites séries jusqu'à des pièces uniques en mobilisant des technologies récentes et la coopération hommes-machines.

Les champs d'application sont la production d'articles de sport et de sièges pour l'automobile. L'objectif de ce projet est notamment de développer une unité de production de chaussures de la taille d'un camion de 38 tonnes permettant de relocaliser ce type de production, voire celle de vêtements, au plus près de la demande, c'est-à-dire à proximité des agglomérations urbaines.

C'est un projet – dont les détails restent très secrets, compte tenu de l'enjeu concurrentiel – qui traite de domaines variés comme l'impression 3D, l'interaction homme-machine pour l'interface ergonomique de commande et les aspects de *supply chain*. Une méthode de modélisation des processus de production permet de répondre aux enjeux de la production personnalisée en temps réel.

Ce type d'usine devrait produire les 500 premières paires de chaussures en 2016.

D'ici 2017, si le concept s'avère concluant, des *stores factory* devraient voir le jour en Europe et aux États-Unis, permettant aux clients de faire fabriquer directement leurs chaussures personnalisées en magasin.

Une unité de production prototype est en cours de développement en Bavière à Ansbach chez un sous-traitant.

Ce projet regroupe, autour d'une équipe projet d'Adidas, la société Johnson Controls, sous-traitant automobile, la société KSL Keilmann, un expert dans la fabrication de chaînes robotisées et deux instituts de recherche – l'un spécialisé dans les techniques textiles et l'autre dans le transfert technologique.

Cette réactivité est l'un des arguments qui plaident pour l'introduction de technologies de fabrication additive. Dans ce domaine, l'Allemagne aligne un certain nombre d'acteurs qui restent toutefois de petite taille. Des entreprises comme EOS, Concept laser, SLM Solutions ou Voxeljets sont des acteurs du *Mittelstand*. Voxeljet, l'un des leaders de l'impression 3D, a un effectif de 200 salariés. Les entreprises de plus grande taille comme Trumpf ou Arburg commencent tout juste à investir dans ce domaine. En revanche, les réseaux de recherche sont étendus, comme l'Alliance des instituts Fraunhofer pour la fabrication additive (Fraunhofer Additive Manufacturing Alliance) qui regroupe 13 de ces instituts au sein d'une plateforme[2].

Un autre exemple permet de prendre la mesure de l'impact géographique des mutations en cours (cf. cas concret n° 6). L'exemple de la collaboration « industrielle » entre Audi et DHL est éclairant car il montre comment certaines fonctions de production peuvent être outsourcées à une distance de quelques kilomètres avec des conséquences importantes sur l'organisation du travail, sur la production, mais également sur les systèmes régulant les relations industrielles. Les frontières entre branches volent en éclats, en même temps que croît le flou autour de la frontière entre industrie et services. Audi expérimente aujourd'hui un concept de services permettant de faire livrer par DHL des commandes passées sur Amazon directement dans le coffre de sa voiture.

2

Quel impact de la révolution numérique sur la chaîne de valeur ?

Cas concret n° 6

Le logisticien devient fabricant industriel

À Neckarsulm, en Bade-Wurtemberg, une chaîne automatisée assure la production de l'Audi A6. Une fois la carrosserie peinte, les portières sont démontées et envoyées dans l'usine d'un sous-traitant à Offenau, à 10 km de là, où sont réalisées les opérations de montage – pose des équipements, des garnitures et des rétroviseurs – fortement consommatrices de main-d'œuvre.

Les portières équipées doivent revenir à temps dans l'usine Audi pour être remontées sur la voiture qui a entre-temps continué à suivre son processus de finition. Elles doivent impérativement être remontées sur la carrosserie avec laquelle elles ont été peintes, sinon des différences de teinte peuvent être perçues. C'est tout un système de coordination entre les deux usines qui a été mis en place pour suivre en temps réel la progression des tâches et la localisation des portières.

---

2   Astolfi Charles-Pierre, Constantin Emmanuel, Moulet Antoine (2016), *Fabrication additive – Mobiliser les forces françaises* (document de La Fabrique de l'industrie, septembre 2015, 79 p.), Paris, Presses des Mines.

Le sous-traitant d'Audi n'est pas une entreprise industrielle, mais un logisticien, la société DHL, filiale de la poste allemande. Deux raisons permettent d'expliquer ce choix.

L'équipement des portières est un vrai défi logistique compte tenu du nombre de pièces à approvisionner, justifiant le recours à l'expertise d'un partenaire issu de cette branche. Le logisticien est devenu un assembleur, voire un producteur de la taille d'une entreprise du *Mittelstand* (DHL produit également des sièges automobiles pour la marque Recaro spécialisée dans l'équipement de véhicules premium).

La seconde raison illustre l'impact que peut avoir la recomposition de la chaîne de production sur les relations industrielles. Les employés de DHL qui réalisent ce travail « industriel » sont payés selon les tarifs des conventions collectives des services logistiques : les salaires conventionnels y sont 20 % inférieurs à ceux de la métallurgie[3]. Cette évolution peut être également interprétée comme un coup porté au système allemand de conventions collectives par branche.

Le « rêve Industrie 4.0 » prend forme : à terme, il est possible d'imaginer que la commande du client sera automatiquement relayée à un ensemble d'unités de production et de prestataires logistiques et que cette commande déclenchera la réalisation d'un ensemble de services de fabrication et de logistique qui s'autoréguleront. Pour gérer cette flexibilité, certaines activités de la chaîne de valeur seront outsourcées, qu'il s'agisse d'une partie de la production ou d'activités support (cf. figure 11).

Des cycles de fabrication plus courts et la production de séries de taille 1 exigent une coopération plus efficace et plus rapide entre les différentes parties prenantes. L'intégration des différents systèmes d'information entre eux charpente la nouvelle architecture de la chaîne de création de valeur. En rendant possible l'échange de données en temps réel entre les fonctions internes et externes des différents sites de l'entreprise, la numérisation conduit à une hybridation des activités industrielles et servicielles. Elle provoque un réagencement global des chaînes de valeur articulées autour du client.

La représentation de l'usine digitalisée est celle d'un espace modulaire – « une usine Lego ». Cette modularité destinée à répondre aux exigences de la production de série de taille 1 s'accompagne d'un déplacement des lieux de création de valeur.

---

3 Preuß Suzanne (2007), « Fertigungsprozesse wandeln sich: warum ein Paketdienst gerne auch Autositze baut und sich trotzdem treu bleibt », *Frankfurter Allgemeine Zeitung*, 19 octobre.

Figure 11 – Fragmentation fonctionnelle et spatiale des activités de la chaîne de valeur

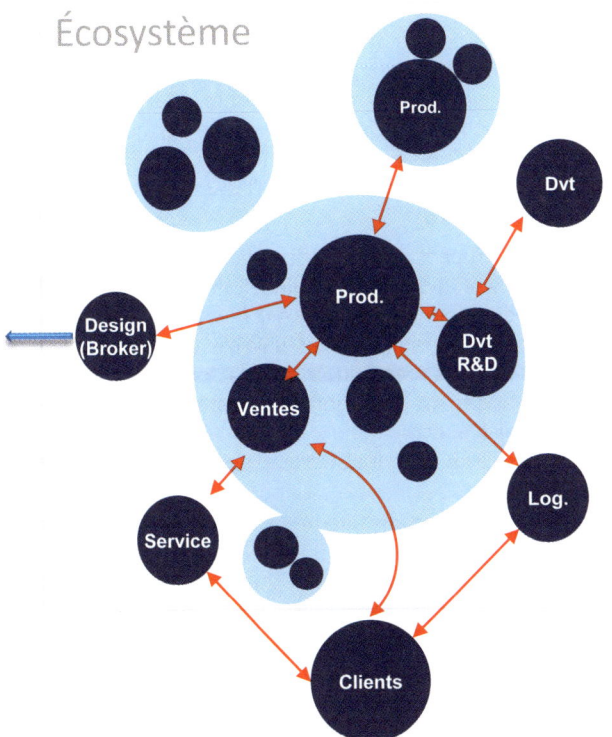

Source : © Kagermann H. (2013), *Impuls – Zukunftsbild Industrie 4.0, BITKOM Kick-Off « Industrie 4.0 »*, Berlin, 9 janvier.

2

Quel impact
de la révolution
numérique
sur la chaîne
de valeur ?

L'exploitation des données d'usage, un nouveau facteur de compétitivité

L'entreprise doit répondre rapidement aux évolutions des usages du client captés non plus seulement à travers les sources traditionnelles que sont les processus de veille ou les remontées de son réseau commercial, mais aussi à travers le traitement de données d'usage transmises par les produits et les équipements vendus.

Nous sommes en train d'assister à une migration de la création de valeur de l'entreprise vers des lieux où sont récupérées et exploitées les données d'usage des clients. C'est dans ces lieux que la marge bénéficiaire sera de plus en plus captée. Comme le souligne François Bourdoncle : « *La révolution du big data repose sur la capacité* [des entreprises opérant sur le marché du numérique] *à analyser ces données et à en tirer profit en matière d'innovation, de production, de relation commerciale et* in fine *de marges bénéficiaires*[4]. » Le *just in time*

---

4 Bourdoncle François (2015), « La révolution big data », *in* Veltz Pierre, Weil Thierry (dir.), *L'Industrie, notre avenir*, *op. cit.*, p. 64.

customized, la réorganisation de la chaîne de valeur à partir de la satisfaction en temps réel du besoin des clients, va progressivement faire de la gestion des flux d'information et de leur exploitation le cœur névralgique de l'entreprise.

L'enjeu est triple pour les entreprises industrielles :
- garder la main sur la répartition de la marge au sein de la chaîne de création de valeur ;
- capter de nouvelles sources de valeur liées aux données d'usage ;
- sauvegarder les actifs immatériels liés à la propriété intellectuelle et au savoir-faire.

Lorsque Porsche fait rouler une voiture bardée de capteurs sur des milliers de kilomètres pour obtenir les données sur la performance du moteur et optimiser ainsi son fonctionnement, on reste dans le domaine du secret industriel et du savoir-faire technique qui fait la réputation de la marque. Si ces données sont captées demain par un système embarqué relié au système de navigation et transférables sur des plateformes de données ouvertes dans le cloud qui bénéficient de l'apport de milliers d'utilisateurs, se pose alors la question de la propriété de ces données. Cet exemple montre à quel point, avec le numérique, la création de valeur au sein de l'entreprise ne s'élabore plus dans l'enceinte de l'entreprise, mais en système ouvert dans une très forte intimité avec le client. Cette nouvelle donne relationnelle amène à redéfinir les process d'innovation, de production, de sécurisation des données, de propriété industrielle et *in fine* tout ce qui touche à la réputation de la marque.

> *« Nous recommandons comme stratégie d'éviter le brevet. Nous lui préférons une protection mécanique (les composants s'émiettent si la machine est démontée dans le mauvais ordre) ou une protection logicielle quand l'intelligence est répartie au sein de chaque élément. Il ne sert alors à rien de copier la machine. Le processus de production relevant du savoir-faire stratégique doit demeurer chez nous, seul le reste peut être outsourcé. »*
>
> Entretien KCC avec Günter Korder,
> Managing Director Cluster It's OWL

De même, l'éclatement de la chaîne de valeur pose de nombreuses questions sur le statut de la propriété intellectuelle. Comment protéger des procédés, des produits, des codes dont les données circulent au sein d'un réseau de partenaires de plus en plus ouvert ? *« Le système des brevets est-il encore techniquement gérable ? Plus grave : est-il encore pertinent dans son principe ou devient-il un obstacle majeur à l'innovation dans un contexte dominé par l'économie des idées et le principe de "non-rivalité" qui le fonde[5] ? »*, questionne à juste titre Pierre Veltz.

---

5   Veltz Pierre (2015), « Vers le monde hyper industriel », *in* Pierre Veltz et Thierry Weil (dir.), *op. cit.*, p. 27.

« Ce qui rend un Mittelständler *compétitif, c'est son savoir-faire, pas le prix de ses produits. Il est donc capital de protéger ce fameux savoir-faire technique qui permet un positionnement de niche sur des segments de marché haut de gamme. »*

Entretien KCC avec Dr. Christian Kellermann-Langhagen, ZVEI

Après la presse, la distribution de biens culturels et le tourisme, l'automobile est aujourd'hui en première ligne. Les géants de l'internet n'hésitent pas à se transformer en industriels, comme Google et Apple, et deviennent des concurrents du jour au lendemain à la fois dans la construction de prototypes automobiles et dans la création de services liés aux données d'usage. Dans la robotique, les acquisitions multiples de Google, notamment celle de Boston Dynamics en 2013, ont inquiété les Allemands. Ils craignent de voir émerger à moyen terme un concurrent dans la logistique interne et la livraison de colis, voire dans la robotique industrielle. Mais leurs appréhensions sont également liées à la possibilité de voir Google rééditer son succès dans les smartphones dans le monde de la robotique, avec un système d'exploitation et une plate-forme d'applications dédiés aux robots[6].

2

Quel impact
de la révolution
numérique
sur la chaîne
de valeur?

Il n'y a pas de congrès Industrie 4.0 sans mention de cette « menace Google », d'un système de captation d'une partie des marges opérationnelles susceptible d'émerger. Les grands constructeurs allemands, BMW, Daimler et Volkswagen ont senti le danger et réagi en 2015 en s'alliant pour racheter l'application de cartographie *Here* à Nokia, afin de garder la main sur les systèmes de navigation et faire le lien avec la voiture autonome. Mais sauront-ils vaincre leurs réticences pour coopérer efficacement dans ce domaine ?

Face à l'arrivée de ces nouveaux concurrents et le développement de l'économie de partage où le consommateur privilégie désormais la valeur d'usage, les industriels n'ont d'autre choix que de repenser leurs modèles d'affaires. Les constructeurs automobiles de demain tireront-ils l'essentiel de leurs revenus de la vente de véhicules ou de leur location et de l'exploitation de services associés ?

Qu'en est-il des fournisseurs d'équipements ?

Les fabricants d'équipements sont en fait concernés à deux niveaux par l'Industrie 4.0. Ils doivent d'abord enrichir leur offre de services vers leurs clients directs, les utilisateurs de leurs machines et de leurs composants. Un fabricant de compresseur pour l'industrie propose, grâce à des capteurs et des algorithmes, des services de suivi à distance, d'assistance et de maintenance. Cette évolution est déjà engagée dans l'industrie ; la nouveauté vient de la mutualisation des données de multiples clients par l'équipementier qui lui offre de nouvelles opportunités. La mobilisation du big data permet notamment de proposer des services de maintenance prédictive en anticipant de nouvelles causes de défaillances potentielles et en augmentant ainsi le niveau de productivité des machines.

---

6 Cf. Fraunhofer IPA, Dr. Wieselhuber & Partner GmbH (2015), *Geschäftsmodell-Innovation durch Industrie 4.0. Chancen und Risiken für den Maschinen– und Anlagenbau*, mars, p. 25 et 31.

« Dans le monde digital, tout est contrôlable sans limites. Le monde physique lui-même peut être instrumenté et rendu mesurable. Dans l'industrie, on pourrait mettre en place, au sein de chaque machine, un enregistreur dont les données online et offline pourraient être analysées en continu. Cela pourrait s'apparenter à un genre de boîte noire comme dans les avions. »

Entretien KCC avec Joachim Hörnle, CEO
et Stefan Pannenberg, directeur du développement, Blue Elephant Systems

Mais l'exploitation des données ne se limite pas au client direct. L'utilisation des données d'usage du client final peut avoir des conséquences sur toute la chaîne de valeur en amont : insertion de nouveaux capteurs, amélioration de la modularité des équipements pour plus de réactivité, création de l'interopérabilité avec d'autres systèmes, développement de nouveaux matériaux…

« Dans quelques années, la vente de mes machines se fera probablement à marge nulle et je réaliserai mon résultat avec la vente de services associés. »

Entretien KCC avec le CEO d'une entreprise B to B
du *Mittelstand* (région de Stuttgart)

L'exploitation des données d'usage représente un nouveau défi pour ces entreprises du *Mittelstand* positionnées sur des marchés de niche et qui avaient l'habitude de maîtriser en interne toutes les étapes de la conception-design jusqu'à la livraison.

« Les Mittelständler *doivent aller à la pêche à la valeur ajoutée, mais le problème, c'est que cela demande de bonnes compétences IT. »*

Entretien KCC avec Ingo Ruhmann,
ministère fédéral de la Formation et de la Recherche (BMBF)

Comment garder dès lors la maîtrise sur l'accès à ces services ? La machine intelligente pourra certes recourir sur la base d'algorithmes à une maintenance prédictive bénéficiant des données d'usage d'autres utilisateurs et générera automatiquement une demande de changement anticipé d'une pièce d'usure. Mais quel sera dorénavant le positionnement d'un fabricant de machines dans la chaîne de valeur si un outil de navigation propose à son client plusieurs fournisseurs potentiels capables de réaliser la pièce défectueuse par fabrication additive et de l'acheminer dans des délais record grâce au partenariat avec un logisticien ?

Enfin, le développement de ces services requiert des compétences, dont l'entreprise ne dispose pas forcément, et représente un investissement significatif. D'où la dimension stratégique que revêt le développement de nouveaux réseaux d'interdépendance et de coopération entre *Mittelständler*, à l'image de ce que pratiquent déjà les *global players*.

Faire plateforme : « *when industry goes start-up*[7] »

La trajectoire de développement et d'innovation est claire *a priori* : transformer les équipements en objets connectés et développer des applications permettant d'enrichir l'offre de services.

Ainsi, le marché de la machine-outil évolue aujourd'hui vers un marché « double face » où l'attractivité de la machine pour un client augmente non seulement avec le nombre croissant des utilisateurs, mais aussi avec le nombre croissant des applications compatibles avec la machine[8]. Comme le souligne David Encaoua, « *si les technologies de fabrication des produits traditionnels sont caractérisées par la nature des rendements d'échelle des processus de production, un autre phénomène est à l'œuvre dans les objets connectés : ce sont les externalités de réseau… [qui] traduisent le fait que l'utilité individuelle […] d'un bien croît avec le nombre d'utilisateurs du même bien*[9] ».

2

Quel impact
de la révolution
numérique
sur la chaîne
de valeur ?

C'est la raison pour laquelle les fabricants sont attentifs à développer de nouvelles offres plus centrées sur la valeur d'usage du produit pour le client que sur le produit lui-même[10]. La stratégie va consister à développer des offres de services autour du produit, le plus souvent en internalisant de nouvelles compétences. Klöckner, leader du commerce de l'acier, proposera par exemple une application sur smartphone destinée à faciliter la vie de ses clients : suivi des cours, calculs liés aux matériaux…

Mais le développement d'applications ne suffit pas à assurer un positionnement concurrentiel pérenne. À l'image de ce qui s'est passé dans le marché des produits et des services B to C, la position dominante est raflée par l'acteur qui sait réaliser une plateforme logicielle et servicielle – laquelle « *met à disposition des ressources pour inciter d'autres à designer les applications*[11] ». Cette plateforme va donc proposer des contenus très divers et de multiples provenances.

Comme le montrent Nicolas Colin et Henri Verdier[12], « *les entreprises matures aujourd'hui ébranlées par l'économie numérique ont longtemps dominé leur marché en maîtrisant à la fois l'expérience utilisateur et l'infrastructure sous-jacente – en étant à la fois une application et leur propre plateforme*[13] ». Pour un fabricant de machines-outils, cela veut dire qu'il propose directement ou *via* des partenaires des services dédiés autour de ses propres produits : intégration, appui à la programmation, maintenance… Toute la difficulté pour ces entreprises est de parvenir à sauter le pas en agrégeant au sein d'une plateforme la vente des applications et des services liés à leurs produits, tout en l'ouvrant à des produits et des services d'autres marques. Cela signifie prendre le risque de perdre l'exclusivité de son territoire, mais avec l'opportunité de l'agrandir considérablement.

---

7 « Quand l'industrie devient start-up ».

8 Bundesministerium für Wirtschaft und Energie (2015), *Industrie 4.0. Volks– und betriebswirtschaftliche Faktoren für den Standort Deutschland*, avril, p. 32.

9 David Encaoua (2014), *Les Objets connectés – Transition vers un nouveau modèle de société ?*, JECO, Lyon, 14 novembre, session « Les objets connectés », p. 5.

10 Acatech (2015), *Smart Service Welt, op. cit.*, p. 27.

11 Colin Nicolas, Verdier Henri (2015), *L'Âge de la multitude, op. cit.*, p. 25.

12 *Ibid.*, p. 162.

13 *Ibid*, p. 164.

L'expérience dans le monde du B to C montre en effet que les seuls détenteurs d'applications n'ont pas pu résister face aux géants de l'internet qui ont su attirer les consommateurs sur leurs plateformes où affluent des applications de multiples provenances. Pour l'entreprise, « *le succès ne vient pas seulement du fait que les utilisateurs ont accès à une multitude de produits et services extérieurs ; il vient surtout du choix de la combinaison spécifique des contenus accessibles*[14] ».

Avec sa plateforme, « *le gagnant rafle la mise* » et assèche le potentiel de création de réseau et de scalabilité[15] de ses concurrents. Au-delà de la seule application, la leçon à tirer est, selon Colin et Verdier, de « *se concentrer sur son savoir-faire sous-jacent pour vite se transformer en plateforme*[16] », au risque de voir son savoir-faire disparaître.

Cet enjeu a été identifié dès les premières publications Industrie 4.0 à travers un *use case*[17] appelé « Le marché des données technologiques ». Piloté par l'entreprise Trumpf qui fabrique des machines pour l'usinage des tôles et la découpe laser, il partait du cas concret d'une machine de découpe devant produire des pièces à partir de feuilles de tôle mais dont les données de programmation ne permettaient pas d'atteindre le niveau de qualité souhaité[18]. Or, une recherche automatique lancée par la machine montrait que, dans l'usine d'une autre entreprise, les données technologiques nécessaires pour programmer la machine étaient présentes. D'où l'idée de développer un commerce de données technologiques sur des « places de marché internet ».

Au-delà de ce type de solutions permettant de résoudre un problème de programmation d'automates industriels, le développement de plateformes permet d'enrichir considérablement l'offre de services. L'Acatech dans son rapport de mai 2015 sur le monde des services connectés (*Smart Service Welt*) donne une vision de l'éventail de l'offre que peut proposer une plateforme de services à la production :

- de nouveaux modèles d'affaires, par exemple dans le commerce de capacités de production ou de données de production ;
- la mobilisation de communautés externes à l'entreprise développant des innovations liées à la production ;
- la fourniture de services à distance et de manière automatisée pour anticiper et traiter en amont les problèmes ;
- des connaissances liées au processus de production (analyses, diagnostics, recommandations) qui sont générées automatiquement et alimentent des socles de données auxquels d'autres équipements ont également accès ;
- des places de marché où les usines transmettent de manière totalement automatisée leurs besoins de production ou de prestations et où machines et fournisseurs de services peuvent candidater pour obtenir les contrats ;
- le regroupement de services comme le financement ou l'assurance avec de nouveaux modèles de consommation comme le *pay per use*…

---

14 David Encaoua (2014), *op. cit.*, p. 6.

15 Nicolas Colin et Henri Verdier définissent la scalabilité comme « *la capacité à s'adapter à la montée en charge de la demande sans alourdir dans les mêmes proportions la structure de production* », cf. *L'Âge de la multitude, op. cit.* p. 35.

16 Colin Nicolas, Verdier Henri (2015), *op. cit.*, p. 164.

17 *Use case* : ce terme anglais signifie « cas d'application ».

18 Source : Acatech oder Plattform Industrie 4.0 (2013), *Umsetzungsempfehlungen für das Zukunftsprojekt Industrie 4.0: Abschlussbericht des Arbeitskreises Industrie 4.0*, avril, p. 105-112.

Bien sûr, la « multitude » d'utilisateurs à laquelle s'adressent les industriels allemands est moins étendue que dans les cas d'Amazon, Apple et Google. Elle concerne avant tout le périmètre de leurs clients et de leurs fournisseurs. Mais c'est là un enjeu de taille que de réussir à imposer le premier la plateforme qui saura attirer le trafic. Et cela passe par un rapprochement des industriels avec la « culture start-up ».

Cette course à la constitution de plateformes est observable dans de nombreuses branches industrielles. Dans la sidérurgie par exemple où 60 % des produits passent par des distributeurs, un acteur leader comme Klöckner développe une plateforme d'e-commerce. L'entreprise ambitionne de capter l'essentiel du trafic avec ce nouvel outil (cf. cas concret n° 7).

2

Quel impact
de la révolution
numérique
sur la chaîne
de valeur ?

Cas concret n° 7

Klöckner : devenir l'Amazon de la distribution d'acier

Basé à Düsseldorf, employant 10 000 salariés et réalisant 6,4 Mrd € de chiffre d'affaires, Klöckner est le leader du commerce de produits en acier et en aluminium.

Dans ce métier, où les commandes passent encore beaucoup par le téléphone et le fax, l'entreprise ambitionne de réaliser d'ici 5 ans 50 % de son chiffre sur internet.

Klöckner propose déjà une application gratuite sur smartphone offrant plusieurs services (localisation de filiales, calculateur de matériaux…).

Il s'agit maintenant de développer une plateforme pour les clients et les fournisseurs permettant de passer des commandes à toute heure, y compris pour des produits nécessitant du travail à façon. Il s'agit également d'optimiser par ce moyen la logistique du groupe.

Pour réussir ce pari, un changement de culture est nécessaire. Après une expérience dans la Silicon Valley, Gisbert Rühl, le dirigeant de Klöckner, a décidé de déménager pour installer son bureau à Berlin dans la *Betahaus*, une structure dédiée aux start-up. À la tête d'une petite équipe, il s'agit de profiter de « *l'ambiance Silicon Valley de Berlin* ».

L'entreprise a également créé une start-up, kloeckner-i, avec une vingtaine de salariés, qui doit devenir un centre de compétences digitales pour l'ensemble du groupe.

De nombreuses options sont déjà envisagées : prévisions météo pour les clients du BTP, offres de déstockage proposées tôt le matin… Les services de cette plateforme initialement destinés à l'interne pourraient également être proposés à des entreprises plus petites avec la prise en charge du management de la *supply chain*.

Dans la suite de son projet de « marché des données technologiques », l'entreprise Trumpf a bien compris tout le potentiel qu'elle pouvait tirer du développement d'une plateforme. Elle a créé, en octobre 2015, une start-up devant lui permettre de s'imposer comme fournisseur d'IT pour les entreprises industrielles et de « faire plateforme » dans le marché de l'IT lié à l'Industrie 4.0 (cf. cas concret nº 8). L'ambition est de fournir un outil susceptible d'organiser le quotidien d'une usine, à l'image du smartphone pour l'utilisateur individuel.

Cas concret nº 8

Axoom, la plateforme servicielle de Trumpf

Basée à Ditzingen au cœur du Land de Bade-Wurtemberg, l'entreprise Trumpf est leader mondial des systèmes de découpe laser. Elle a créé, en octobre 2015 à Karlsruhe, une start-up de 22 ingénieurs IT dont l'objectif est de développer une plateforme web basée dans le cloud permettant de relier l'ensemble des équipements de production et des fonctions de pilotage tout le long de la chaîne de valeur, depuis la commande jusqu'à l'expédition.

À l'image de Google ou d'Apple, cette plateforme a vocation à proposer des *Apps* développées pour le monde industriel, gratuites ou payantes selon plusieurs modèles de rémunération. Par exemple, Trumpf propose un programme destiné à optimiser, après découpage, la disposition des pièces de tôle. Le client peut souhaiter avoir accès à plusieurs offres de services, d'où l'intérêt de les proposer au sein d'une même plateforme.

À ce stade, la plateforme de Trumpf peut s'appuyer sur un certain nombre de partenaires : Klöckner (distribution de produits métallurgiques), Linde (production de gaz et ingénierie), Schmalz (technologie du vide en automatisation, manipulation et bridage par le vide), Sick (capteurs et automatismes), Wicam (logiciels d'automatisation de programmation des machines d'usinage à commande numérique) et Zeiss (optique et optoélectronique).

Au-delà de la capacité à remettre en cause son *business model* et à faire preuve d'agilité et de rapidité, la constitution de telles plateformes requiert plusieurs facteurs clés de succès :

- la capacité à articuler une culture industrielle traditionnelle et une culture start-up pour le développement de la plateforme et de ses applications ;
- l'existence d'une marque forte, apte à attirer les clients et les fournisseurs d'applications ;
- l'attention portée à la cybersécurité ;
- la relation de confiance nécessaire pour que le client accepte de partager ses données ;
- la construction d'alliances et de partenariats avec des acteurs de même taille.

Les entreprises du *Mittelstand premium* sont nombreuses à pouvoir prétendre développer de telles plateformes. La course est donc lancée et va forcer à terme l'ensemble des acteurs industriels à se positionner.

Coopérations au sommet pour les *global players* de l'Industrie 4.0

Industrie 4.0 a été portée sur les fronts baptismaux par trois grands groupes allemands : Siemens, Bosch et SAP. Deutsche Telekom et T-Systems sont arrivés un peu plus tard dans la course. Siemens et Bosch se distinguent par leur capacité à construire l'intégralité d'un site de production 4.0 symbolisée par deux usines phares, celle de Siemens à Amberg (cf. cas concret n° 2) et celle de Bosch à Homburg (cf. cas concret n° 3). Chez ces *global players*, la stratégie Industrie 4.0 est dominée par le renforcement dans les TIC qui passe par des rachats et des alliances.

L'organisation interne de Siemens a été reconfigurée en lien avec la stratégie Industrie 4.0 avec la création d'une division « usine numérique » à côté des autres divisions du conglomérat. Dans l'IT, Siemens poursuit sa stratégie d'alliance avec Atos [19], entreprise à laquelle le groupe avait cédé en 2011 son informatique (Siemens IT Solutions and Services GmbH, holding regroupant toutes les activités informatiques de Siemens). Mi-juin 2015, Siemens a retenu Atos pour se doter de la plateforme SAP HANA® basée sur des serveurs ultra puissants Bullion de Bull.

2

Quel impact
de la révolution
numérique
sur la chaîne
de valeur ?

Siemens et Atos ont étendu, en juillet 2015, leur alliance stratégique à l'analyse de données, à la cybersécurité et aux équipements connectés en mobilisant un fonds d'investissement de 150 M€ qui a notamment permis de financer la mise en place d'une plateforme d'analyse de données industrielles destinée à leurs clients respectifs. L'ambition de Siemens ne se limite pas à la gestion de sa propre informatique. Il s'agit de développer une plateforme cloud ouverte permettant d'analyser des sets de données provenant de l'industrie. L'objectif est de permettre « *aux clients industriels de créer de la valeur à partir de l'internet des objets et de booster leur production tout comme leur offre de produits et de services* [20] ».

Le groupe poursuit une politique de rachats de start-up du numérique et d'intégration à une offre globale (visualisation, automatisme, commande numérique, supervision, etc.) susceptible de fédérer l'ensemble des logiciels industriels de l'entreprise.

> « *Siemens a aujourd'hui autant d'ingénieurs IT que Microsoft !* »
>
> Entretien KCC avec Dr. Christian Kellermann-Langhagen, ZVEI

Du côté de Bosch, sa filiale informatique Bosch Software Innovations multiplie les acquisitions dans le domaine de l'IT. L'entreprise a lancé une coopération sur l'internet des objets avec l'université de Saint-Gall (Suisse) où elle finance un laboratoire dont l'un des axes de recherche concerne les plateformes pour l'internet des objets.

---

19 Siemens est à la fois le premier client et, avec 12,7 % du capital, le premier actionnaire d'Atos.
20 SAP Unveils SAP HANA Cloud Platform for the Internet of Things, http://www.news-sap.com/sapphire-now-sap-hana-cloud-platform-for-the-iot/

Avec sa filiale Bosch Rexroth, le groupe se positionne comme leader dans l'offre et l'utilisation de solutions Industrie 4.0. Bosch Rexroth participe à l'aventure du démonstrateur Smart Factory de Kaiserlautern. Et l'usine d'Homburg en Sarre est présentée comme un modèle par le groupe.

Pour SAP, l'enjeu est de réussir l'intégration verticale entre les ERP, les MES et les systèmes de pilotage de la production jusqu'aux capteurs installés sur les machines. SAP, qui est leader sur le marché des ERP auprès des entreprises industrielles en Allemagne, cherche à intégrer depuis 2010 ses solutions existantes au sein d'un nouveau produit à la technologie « in-memory [21] » appelé HANA (*High-Performance Analytic Appliance*). Ce système, basé sur une plateforme cloud répond à une logique SaaS (*Software as a service*) et doit remplacer à terme la suite SAP R3. Début mai 2015, les potentialités de la plateforme ont été étendues à l'internet des objets, permettant de relier les équipements au système de suivi avec un pilotage en temps réel et une communication entre les machines : « *Construisant à partir de ses données et services applicatifs existants qui comprennent analyse prédictive, télématique, géolocalisation et plus encore, le nouveau service IoT* (Internet of Things), *SAP propose un équipement de cloud permettant* [...] *gestion des équipements, échange d'information IoT et des applications dédiées comme la modélisation des données [22]* ».

Dernier acteur, Deutsche Telekom et sa filiale T-Systems, société de services informatiques et de télécommunications, jouent la carte de la coopération avec SAP. Partant du constat d'un retard allemand dans le domaine des standards, il s'agit de développer « *facilement, rapidement et de manière pragmatique des standards de facto [23]* ». Telekom promeut également une plateforme cloud, une « Connected Industry Platform » destinée aux clients industriels, notamment aux grands groupes. Pour le *Mittelstand*, Deutsche Telekom propose un « package Industrie 4.0 », permettant de connecter les équipements, qui contient logiciel, cartes SIM et accès à la plateforme. Pour assurer la sécurité de sa plateforme, Deutsche Telekom a enfin noué des partenariats avec 4 sociétés informatiques spécialisées : Avira (logiciels antivirus), Steganos (connexion VPN cryptée), Strato (backup de sécurité sur des serveurs allemands) et Secomba (stockage crypté de données sur des supports).

Aujourd'hui les *global players* comme Siemens, Bosch, SAP et Deutsche Telekom se sont donc positionnés. Ils ont conclu des alliances et déclinent des offres Industrie 4.0, tout en développant des démonstrateurs.

Au niveau du *Mittelstand premium*, l'équivalent de nos ETI et des petites GE, la plupart des équipementiers offreurs de solutions – qu'ils soient dans l'industrie mécanique, électrotechnique ou dans l'IT – cherchent à se positionner comme pionniers sur le marché de l'Industrie 4.0 (cf. figure 12). L'enjeu est clairement d'initier le plus tôt possible des coopérations au sein des réseaux qui se constituent, d'influer sur la détermination des conditions cadres technologiques, juridiques... et de capter les ressources rares, notamment en capital humain.

---

21 La technologie « in-memory » permet des calculs plus rapides grâce au stockage des données en mémoire sur des disques SSD ou de la RAM.

22 SAP Unveils SAP HANA Cloud Platform for the Internet of Things, http://www.news-sap.com/sapphire-now-sap-hana-cloud-platform-for-the-iot/

23 « Telekom will Wirtschaftswunder 4.0 », https://www.telekom.com/medien/konzern/271960

Figure 12 – Industrie 4.0 : quel positionnement pour les entreprises du *Mittelstand*?

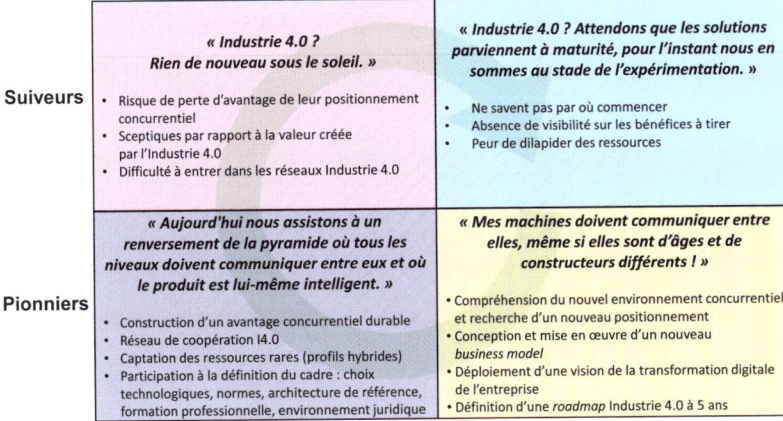

*« Ce ne sont pas les plus gros qui mangeront les petits…
mais les plus rapides qui mangeront les plus lents ! »*

	Offreurs de solutions	Acheteurs de solutions
Suiveurs	*« Industrie 4.0 ? Rien de nouveau sous le soleil. »* • Risque de perte d'avantage de leur positionnement concurrentiel • Sceptiques par rapport à la valeur créée par l'Industrie 4.0 • Difficulté à entrer dans les réseaux Industrie 4.0	*« Industrie 4.0 ? Attendons que les solutions parviennent à maturité, pour l'instant nous en sommes au stade de l'expérimentation. »* • Ne savent pas par où commencer • Absence de visibilité sur les bénéfices à tirer • Peur de dilapider des ressources
Pionniers	*« Aujourd'hui nous assistons à un renversement de la pyramide où tous les niveaux doivent communiquer entre eux et où le produit est lui-même intelligent. »* • Construction d'un avantage concurrentiel durable • Réseau de coopération I4.0 • Captation des ressources rares (profils hybrides) • Participation à la définition du cadre : choix technologiques, normes, architecture de référence, formation professionnelle, environnement juridique	*« Mes machines doivent communiquer entre elles, même si elles sont d'âges et de constructeurs différents ! »* • Compréhension du nouvel environnement concurrentiel et recherche d'un nouveau positionnement • Conception et mise en œuvre d'un nouveau *business model* • Déploiement d'une vision de la transformation digitale de l'entreprise • Définition d'une *roadmap* Industrie 4.0 à 5 ans

Source : © Conception et réalisation KOHLER Consulting & Coaching (2016) – Industrie 4.0.

2

Quel impact
de la révolution
numérique
sur la chaîne
de valeur ?

Les acheteurs pionniers – par exemple, des fournisseurs de l'industrie automobile comme l'équipementier ZF Friedrichshafen ou de grandes entreprises industrielles comme ThyssenKrupp – définissent une stratégie digitale et planifient leur transformation numérique à dix ans. L'accès aux ressources rares est crucial.

Pour les entreprises du *Mittelstand premium*, les offreurs de solutions que nous avons rencontrés font évoluer leur catalogue de produits vers l'Industrie 4.0 (cf. partie 4). C'est surtout au niveau des acheteurs de solutions que la question de la transformation digitale se pose avec de multiples freins liés à une culture d'abord tournée vers l'innovation incrémentale.

3

Une approche pragmatique de l'avenir du travail

Lors de son lancement en avril 2015, la nouvelle plateforme Industrie 4.0 a souligné le caractère essentiel du thème de l'avenir du travail. Dans un contexte d'incertitude radicale par rapport à l'évolution des modèles d'affaires, il est difficile d'anticiper sérieusement les conséquences de la numérisation sur l'emploi industriel. Quels métiers seront les plus concernés ? L'augmentation de l'emploi dans les services compensera-t-elle les pertes dans l'industrie au niveau macroéconomique ?

L'impact du numérique sur l'emploi : les risques de dérives idéologiques

L'étude de référence – souvent citée dans les rapports et la presse – concernant l'impact de la numérisation sur l'emploi date de 2013 et a été réalisée par deux chercheurs de l'université d'Oxford, Frey et Osborne[1]. Elle montre que 47 % des emplois aux États-Unis sont fortement menacés par la « digitalisation » (cf. figure 13). Pour Frey et Osborne, l'essentiel de l'emploi dans la production est menacé par la numérisation, mais aussi les fonctions administratives et de vente : acheteurs, logisticiens, commerciaux, contrôleurs de gestion, approvisionneurs… avec des conséquences importantes sur la classe moyenne[2].

Quelles réflexions mènent à ces prévisions ? Les chercheurs partent de l'hypothèse que les emplois routiniers ne sont pas les seuls concernés : les tâches non routinières ont également un fort potentiel d'automatisation. Par exemple, le travail d'un juriste qui consiste dans la maîtrise d'une typologie de cas récurrents pourrait être à terme substituable par un algorithme. Le potentiel d'automatisation varie ainsi en fonction de trois dimensions : l'intelligence relationnelle, la créativité ou encore le contenu en manipulation manuelle des tâches réalisées.

L'auteur Jeremy Bowles[3] a appliqué la méthode de Frey et Osborne au périmètre de l'Union européenne pour obtenir plus ou moins les mêmes chiffres : selon les pays, entre 45 % et jusqu'à 60 % des emplois connaîtraient un fort impact.

Plus récemment, une étude prospective de l'Institut pour la recherche sur le marché du travail et la formation professionnelle (Institut für Arbeitsmarkt– und Berufsforschung – IAB) a cherché à quantifier l'impact de l'Industrie 4.0 sur l'emploi en Allemagne[4]. Cette étude anticipe que la numérisation de l'industrie conduirait d'ici 2030 à détruire 60 000 emplois et elle insiste également sur les enjeux auxquels fait face le système de formation (cf. fiche nº 2).

1   Frey C., Osborne M. (2013), *The Future of Employment: how susceptible are jobs to computerization?*, Oxford, Working Paper Oxford Martin School, http://www.oxfordmartin.ox.ac.uk/publications/view/1314

2   Cf. Roland Berger (2014), *Les Classes moyennes face à la transformation digitale*, octobre, p. 12 et suiv.

3   Jeremy Bowles (2014), *The Computerisation of European Jobs* (http://bruegel.org/2014/07/the-computerisation-of-european-jobs/). Voir aussi Jeremy Bowles (2014), *54% of EU jobs at risk of computerization* (http://bruegel.org/2014/07/chart-of-the-week-54-of-eu-jobs-at-risk-of-computerisation/).

4   IAB (2015), *Industrie 4.0 und die Folgen für Arbeitsmarkt und Wirtschaft*, IAB-Forschungsbericht 8/2015, 48 p.

Figure 13 – Impact anticipé de la digitalisation sur les catégories d'emplois aux États-Unis

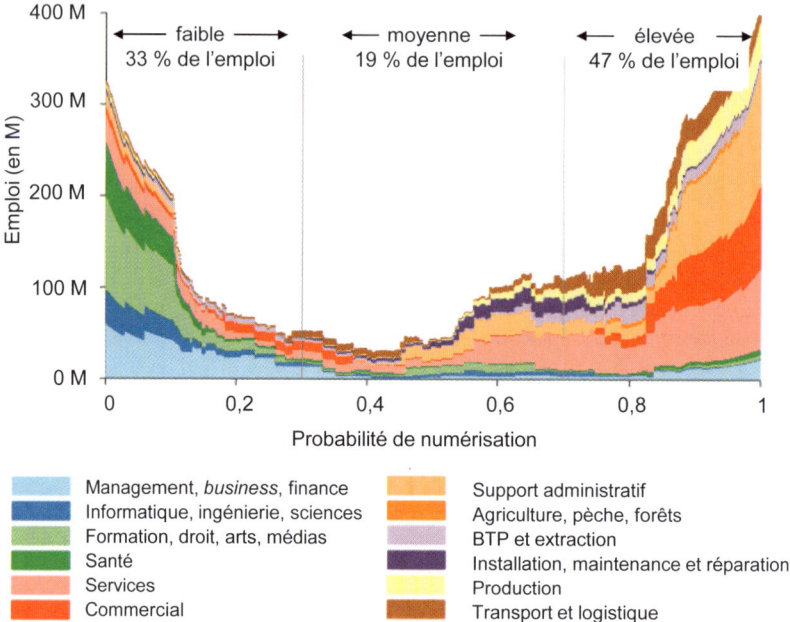

Source : Frey C., Osborne M. (2013), *The Future of Employment: how susceptible are jobs to computerization?*, Oxford, Working Paper Oxford Martin School.

Des objections peuvent être formulées à l'encontre de ces travaux. La première concerne la dichotomie entre tâches routinières et tâches non routinières, et l'hypothèse implicite selon laquelle les tâches routinières seraient faciles à substituer. Les travaux de Sabine Pfeiffer présentés en 2015 à la foire de Hanovre montrent que cette hypothèse peut s'avérer erronée : les tâches qualifiées de routines peuvent requérir beaucoup d'expérience et de savoir-faire, et leur valeur reste mal évaluée[5]. Ce constat l'amène à proposer une évaluation alternative à l'aide d'un index de capacité au travail (*Arbeitsvermögen-Index*) qui tient compte de l'aptitude à gérer les situations complexes, de l'incertitude dans les situations de travail, de la pertinence de l'expérience… Les travaux de mesure de cet index auprès de différentes populations des industries électriques et mécaniques l'amènent à conclure que « *l'humain est à la hauteur de l'Industrie 4.0*[6] ».

Dans un autre registre, les auteurs d'une étude de l'institut ZEW[7] nous rappellent également que le débat sur une approche globale des emplois dans l'entreprise porte à confusion car elle fait l'amalgame entre l'emploi, le travail et le métier. Un emploi n'est pas automatisable en soi ; seule une tâche est

---

5   Pfeiffer Sabine, Suphan Anne (2015), *Der AV-Index. Lebendiges Arbeitsvermögen und Erfahrung als Ressourcen auf dem Weg zu Industrie 4.0*, Working Paper n° 1 (draft v1.0 vom 13.04.2015), Universität Hohenheim, Fg. Soziologie.

6   Pfeiffer Sabine, Suphan Anne (2015), *Der Mensch kann Industrie 4.0 – Kurzfassung*, résumé de l'étude citée *supra*.

7   ZEW (2015), *Übertragung der Studie von Frey/Osborne (2013) auf Deutschland*, Bericht an das Bundesministerium für Arbeit und Soziales, 50 p.

L'impact de l'Industrie 4.0 sur l'emploi en Allemagne

L'étude de l'Institut pour la recherche sur le marché du travail et la formation professionnelle réunit deux outils de modélisation pour simuler l'impact de 5 scénarios par rapport à un scénario de référence (qui n'intègre pas les transformations induites par l'Industrie 4.0) :

- Augmentation des investissements dans les équipements industriels, réorientation vers les capteurs, les systèmes connectés et les services IT.
- Augmentation des investissements dans la construction de l'internet rapide.
- Évolution en termes de numérisation, de productivité du travail, de formation continue, d'accompagnement.
- Transformation de la nomenclature des métiers.
- Augmentation de la demande à l'export et sur le marché domestique.

Les résultats de la simulation globale montrent que l'Industrie 4.0 accélérerait le changement structurel de l'industrie vers les services et, dans le même temps, le différentiel de rémunération entre ces deux secteurs.

Selon cette étude, la numérisation de l'industrie conduirait à créer d'ici 2030, 430 000 emplois en Allemagne, mais elle en détruirait aussi 490 000, soit un solde négatif de 60 000 emplois. Les emplois dans le pilotage et la maintenance des machines seraient les plus touchés, notamment dans les industries de process.

Enfin, si cette étude assume comme une hypothèse l'émergence d'une formation permettant aux salariés de s'adapter à l'Industrie 4.0, elle souligne le phénomène de transfert de l'emploi entre les branches et les champs professionnels, avec à la clé un énorme besoin de formation et d'accompagnement.

automatisable ! En conséquence, si certaines tâches sont supprimées, cela peut signifier que des ressources sont libérées pour être allouées à d'autres tâches à plus haute valeur ajoutée.

La méthode alternative des chercheurs du ZEW consiste à distinguer pour chaque type de travail le contenu analytique du contenu interactif – celui qui est le plus difficile à automatiser. À l'appui des résultats de cette méthode, les auteurs concluent que le plus haut potentiel de numérisation concerne 12 % des emplois actuels en Allemagne (le taux est plus bas aux États-Unis avec 9 %) – soit des prévisions très différentes de celles de Frey et Osborne.

Enfin, il ne faut pas négliger un dernier biais lié à ce type d'études. Les « techno-optimistes », tels que les qualifie Robert Gordon, ont tendance à surestimer l'impact potentiel des nouvelles technologies sur l'emploi[8]. Selon lui, avec les innovations technologiques réalisées au cours des vingt dernières années, la

---

8   Robert J. Gordon (2014), *The Demise of U.S. Economic Growth: Restatement, Rebuttal, and Reflections*, NBER Working Paper n° 19895, février.

génération « .com », ainsi qu'il la nomme, n'a pas généré la destruction des emplois qui avait pu être annoncée ni les hausses de productivité attendues. D'après lui, notre modèle industriel est en limite de capacité par rapport aux sauts de productivité espérés. Gordon appelle à se méfier des « techno-optimistes » et s'avoue plus soucieux de la déliquescence du système éducatif, de la très faible mobilité sociale et de l'inflation du coût des retraites que de la menace du numérique sur l'emploi, en particulier aux États-Unis.

L'avenir du travail avec le numérique : l'approche pragmatique de l'IG Metall

Face au caractère imprévisible de l'impact du numérique sur l'emploi et le danger de certaines dérives idéologiques, les acteurs allemands ont tendance à privilégier une approche pragmatique et locale visant à identifier de manière concrète les zones d'impact du numérique dans l'usine.

Deux visions s'opposent : celle où le travail humain devient une catégorie résiduelle et celle où il demeure une catégorie complémentaire des systèmes cyber-physiques. Il est également question d'une vision « centrée sur la technologie » à laquelle s'oppose une vision « centrée sur l'humain ».

> *« Aucun expert, que ce soit dans l'industrie ou au sein des syndicats, ne s'occupe du thème des pertes d'emploi. Le sujet principal, ce sont les nouveaux processus de travail et les nouvelles qualifications qui seront nécessaires. »*
>
> Entretien KCC avec Ingo Ruhmann,
> ministère fédéral de la Formation et de la Recherche (BMBF)

Dans le premier cas, l'hypothèse est faite d'une usine sans opérateurs ou d'une usine où les opérateurs reçoivent des ordres *via* des machines et des robots : « *C'est la machine qui impose la cadence.* » Dans le deuxième cas, l'hypothèse retenue est celle d'une usine où les opérateurs collaborent avec les robots qui effectuent les tâches pénibles ou peu ergonomiques et où c'est l'humain qui détermine la cadence avec une synergie entre les compétences du robot (force, précision dans la répétition) et celles de l'homme (flexibilité, créativité).

Cette conception duale est reprise par le syndicat IG Metall qui pose la question en ces termes : « *L'humain va-t-il devenir un chef d'orchestre créatif dans l'usine du futur ou bien juste un opérateur augmenté sans capacité de décision, livré au rythme des machines et sous un contrôle constant ?* »

Le syndicat IG Metall est en première ligne sur le sujet de l'Industrie 4.0 avec Constanze Kurz, membre de la direction du syndicat et dirigeant le département « Avenir du travail ». Plutôt que de rééditer une opposition frontale, comme cela fut le cas dans les années 1980 face à l'automatisation, le syndicat IG Metall a choisi d'accompagner les évolutions, de participer à la construction collective de l'organisation Industrie 4.0, tout en restant extrêmement vigilant (cf. figure 14).

« La stratégie de l'IG Metall par rapport à l'Industrie 4.0 marque une césure. L'ancienne stratégie était très défensive par rapport aux nouvelles technologies, par exemple contre le CIM (Computer Integrated Manufacturing). Cette fois, il n'y a plus de place pour une stratégie de refus. Ce qui nous a plu, c'est que la production est de nouveau regardée comme un champ pertinent. Nous sommes associés à la construction des connaissances nouvelles et nous nous engageons franchement dans la discussion sur les chances et les risques. »

Entretien KCC avec Dr. Constanze Kurz,
membre du Vorstand de l'IG Metall

Figure 14 – Les enjeux pour l'emploi : l'approche de l'IG Metall

- Le travail devient un élément passif soumis à la technique dans le système
- Absence de compétences transverses (système centré sur le spécialiste)
- Potentiel de stress élevé
- Flexibilisation forcée du travail
- Discrimination entre les « formés » et les « peu formés »
- Manque de possibilité de progression pour les qualifications basses et moyennes
- Réduction des effectifs
- Augmentation de l'intérim/stratégies de dumping social
- Contournement de la co-détermination
- Atténuation de la frontière entre vies professionnelle et privée

- Travail permettant d'importantes marges de manœuvre avec la fin du pilotage central, hiérarchique
- Contenu de travail plus riche, plus intéressant, faisant plus appel à la responsabilité et à la résolution de problèmes
- Contenu du travail mieux adapté aux seniors
- Participation étendue
- Communication et management plus ouverts
- Développement robuste des compétences et des carrières
- Maintien de l'emploi sur le long terme grâce à la stratégie high-tech

Source : © Constanze Kurz (2014), « Industrie 4.0 – Veränderungen der Arbeitswelt : Mensch, Maschine und die neue Rolle der Beschäftigten », présentation au séminaire de la chambre des métiers du Land de Sarre.

Dans les conseils d'établissement (*Betriebsrat*), le syndicat est mobilisé pour suivre les différents projets liés à l'Industrie 4.0 et les accompagner dans le cadre de la co-détermination (*Mitbestimmung*). L'IG Metall est par exemple associé *via* ses conseils d'établissement aux projets de Bosch Rexroth à Homburg ou de Siemens à Amberg. Dans une entreprise du *Mittelstand premium* comme Wittenstein où l'IG Metall n'a pas d'influence[9], des contacts personnels existent avec le dirigeant de l'entreprise. La zone grise concerne les petites entreprises

---

9   La création d'un conseil d'établissement en Allemagne est possible à partir de 5 salariés, mais n'est pas obligatoire. Même lorsque ce conseil d'établissement existe, le syndicat peut n'y exercer qu'une influence minime : dans l'usine mère de Wittenstein à Igersheim, seuls 3 % des salariés étaient organisés en syndicat fin 2010. Quant à l'autre versant des relations industrielles, la négociation collective de branche, la société Wittenstein ne faisant pas partie du syndicat des employeurs, elle n'est pas assujettie au tarif négocié avec l'IG Metall.

du *Mittelstand*, celles qui comptent entre 50 et 60 salariés où les organisations n'ont pas ou peu de représentants.

> *« Nous abordons le thème de manière aussi constructive que possible avec les conseils d'établissement selon la formule : "c'est à cet endroit que nous marquons des points". Nous avons fondé au niveau de la Centrale un département dédié (nommé volontairement "Avenir du travail" et non "Industrie 4.0"), ce qui nous permet d'être intégrés dans les projets de déploiement dans les entreprises mais aussi d'être fortement en lien avec la recherche. On ne peut pas piloter cela de manière centrale, nos 7 directions régionales sont des multiplicateurs essentiels. »*

Entretien KCC avec Dr. Constanze Kurz,
membre du Vorstand de l'IG Metall

Le syndicat IG Metall intervient également au niveau des projets de recherche. Des coopérations existent avec de nombreux projets comme celui de l'Institut Fraunhofer IAO sur « le travail dans la production du futur », avec une étude benchmark international du projet Inbenzhap [10], avec un projet du DFKI en cours de déploiement chez Festo, avec les travaux de Sabine Pfeiffer ou encore avec le projet du ministère fédéral de la Formation et de la Recherche sur « la recherche dans les halles de production » (*Forschung auf den betrieblichen Hallenboden*).

> *« Les innovations chez Bosch Rexroth sont très bien sur le plan ergonomique – nous ne les bloquons pas, alors que nous pourrions le faire puisque toute évolution ne peut être introduite qu'après la mise à disposition des résultats de travaux les plus récents en termes d'organisation, de santé et de sécurité au travail. Or il n'en existe aucun à ce stade. Nous discutons donc tout de suite de la qualité des conditions de travail et notre département formation a aussi pris le sujet à bras le corps. »*

Entretien KCC avec Dr. Constanze Kurz,
membre du Vorstand de l'IG Metall

Le syndicat accompagne les changements avec vigilance, en restant attentif aux limites à ne pas franchir. Il évalue les innovations sur le lieu de travail et accompagne les projets qui lui paraissent porteurs de vraies améliorations des conditions de travail.

---

10 Réunissant l'université de Paderborn, l'Institut Heinz Nixdorf et l'université technique de Rhénanie-Westphalie à Aix-la-Chapelle (RWTH Aachen), le projet « Inbenzhap » (*Internationaler Benchmark, Zukunftsoptionen und Handlungsempfehlungen für die Produktionsforschung*) a pour objectif de réaliser un benchmark international sur l'Industrie 4.0 et de définir des scénarios et des options destinés aux mondes de la politique, de l'économie et de la recherche.

Vers de nouvelles configurations du poste de travail

Les évolutions du travail liées à l'Industrie 4.0 peuvent être regroupées en 4 grandes catégories :

- une automatisation croissante, la communication favorisant la coopération de l'homme en temps réel avec des produits et des machines intelligents dotés de capacité de décision ;
- une rotation plus rapide des produits et des changements plus fréquents de tâches avec une demande croissante de flexibilité ;
- une augmentation de la fonction « résolution de problèmes », de la fonction de contrôle et la réduction des tâches de pilotage ;
- une diffusion de nouveaux moyens de communication et l'introduction d'assistants mobiles (lunettes, tablettes…).

Une première série d'innovations concerne la cobotique. Dans le cadre de la mise en place de chaînes de montage modulaires, les Allemands utilisent le terme de « robot assistant ».

L'introduction de robots d'une nouvelle génération équipés de capteurs, légers (poids de 7 à 14 kilos), petits, sensibles, mobiles, très précis dans la prise en compte de leur environnement, permet de concevoir différemment l'interaction homme-machine à un poste de travail (cf. figure 15). « *Sortir le robot de sa cage* », le rendre sensible, capable d'éviter des collisions change la donne de l'organisation du travail en entreprise [11]. Dans un futur proche, la programmation de ces nouveaux robots pourra se faire par un simple apprentissage au moyen de la reproduction automatisée des gestes manuels de l'opérateur.

Figure 15 – Le robot léger iiwa à 7 axes de KUKA

Source : © KUKA Roboter GmbH.

---

11 Steegmüller Dieter, Zürn Michael (2014), « Wandlungsfähige Produktionssysteme für den Automobilbau der Zukunft », *in* Bauernhansl Thomas, Ten Hompel Michael, Vogel-Heuser Birgit (dir.), *Industrie 4.0 in Produktion, Automatisierung und Logistik: Anwendung – Technologien – Migration*, p. 111.

« Les technologies clés comme les robots sensibles, la collaboration sécurisée entre l'homme et le robot et les robots mobiles sont nécessaires pour transposer la flexibilité du monde numérique connecté dans le monde physique réel. Par exemple, le robot léger KUKA LBR iiwa peut, grâce à sa sensibilité, réaliser des tâches de montage exigeantes en travaillant en lien direct avec l'homme sans avoir besoin d'être mis derrière une barrière de protection. »

Entretien KCC avec Dr.-Ing. Michael Haag,
directeur recherche et développement de KUKA Roboter GmbH

Pour les experts, ce nouveau paradigme combine les capacités cognitives et physiques de l'être humain avec la capacité de répétition de gestes exacts et l'endurance des robots. Cette nouvelle génération de robots ouvre la voie à une individualisation de la production, tout en permettant des augmentations de productivité. La pertinence de certaines délocalisations, en particulier dans le domaine de la production à faible valeur ajoutée, pourrait être fortement remise en cause par cette nouvelle alliance entre l'homme et le robot.

« L'homme et le robot forment une équipe optimale : les robots sont meilleurs dans le chargement/déchargement des machines ; ils sont plus rapides et ne font pas d'erreurs liées à la monotonie des tâches. En revanche, face à une pluralité de scénarios, ils ne sont pas aussi performants et flexibles que les humains. »

Entretien KCC avec Dieter Faude,
CEO de Faude Group

La cobotique défend l'idée d'une complémentarité entre les capacités humaines et robotiques. Les expériences antérieures ont montré qu'une automatisation focalisée sur la seule finalité de substitution de l'homme par la machine conduit à d'importants dysfonctionnements et à des anomalies dans la réalisation des tâches. La nouvelle génération des robots collaboratifs cherche à promouvoir une nouvelle conception de l'organisation du travail dans l'usine et au poste de travail.

Une expérience réussie d'introduction de robots flexibles sur les chaînes de production est illustrée par la collaboration entre KUKA et Daimler pour monter les ponts arrière de la Mercedes classe C (cf. cas concret n° 9). KUKA est la troisième entreprise mondiale de robotique industrielle et elle est leader sur le marché des robots destinés à l'automobile.

Certaines innovations appartiennent enfin à la catégorie dite de « réalité augmentée ». Par exemple, en observant la ligne de production avec des « smart glasses », celles-ci peuvent signaler à l'opérateur une pièce défectueuse.

Cas concret nº 9

Quand une nouvelle génération de robots réduit la complexité perçue[12]

En coopération avec l'entreprise KUKA Roboter GmbH, Mercedes-Benz a choisi d'introduire des robots légers dotés de capteurs les rendant sensibles à la présence humaine sur la ligne la plus complexe servant à monter le pont arrière de la Classe C. Il fallait en effet trouver de nouvelles solutions d'automatisation pour les opérations manuelles les plus chronophages, en distinguant les opérations à haute valeur ajoutée et celles relevant de la logistique ou de la mise à disposition du matériel.

Dans la nouvelle configuration modulaire de la ligne de montage, les convoyeurs et les porteurs de pièces ont disparu et des opérations à haute valeur ajoutée sont dorénavant réalisées par 45 robots KUKA mis en réseau et 12 postes de travail manuel. Les temps de production ont été considérablement réduits et la plateforme modulaire est suffisamment flexible pour s'ajuster en temps réel aux variations des commandes. La ligne de production ne répond plus à une conception séquentielle du process de fabrication, mais suit un schéma articulant simultanément différents modules de production. La construction synchronisée de différents modèles de voiture est rendue possible par un dispositif d'interopérabilité technique – machines et robots sont nomades et compatibles entre eux, quelle que soit la configuration de la ligne de production – et un dispositif d'interopérabilité sémantique – l'utilisation de l'*Automation Machine Langage* permet aux machines d'opérer simultanément en utilisant des schémas compatibles de métadonnées.

Toutes les informations concernant le montage sont enregistrées dans une banque de données sur la qualité, afin de garantir une totale traçabilité du processus de production. Alors que jusqu'à présent l'automatisation était dédiée à l'exécution de tâches identiques destinées à augmenter la productivité, elle devient le ressort d'une nouvelle flexibilité. Le mode de production évolue vers la modularité et la flexibilité, mais c'est également toute l'organisation de l'usine qui va être repensée à partir de ces notions de modularité et de flexibilité.

Cela a impliqué un changement d'équipements, la révision de tous les modes opératoires et a, au final, permis de réduire la complexité du processus de fabrication et de limiter les dysfonctionnements.

---

12 D'après Steegmüller Dieter, Zürn Michael (2014), « Wandlungsfähige Produktionssysteme für den Automobilbau der Zukunft », *in* Bauernhansl, Thomas, Ten Hompel, Michael, Vogel-Heuser, Birgit (dir.), *op. cit.*, p. 103-119.

Figure 16 – La réalité augmentée

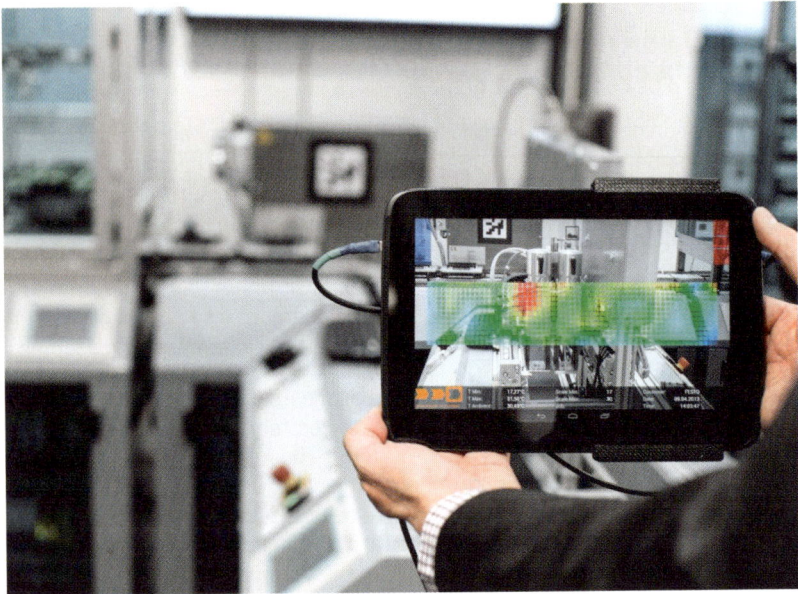

Source : © Festo AG & Co. KG.

L'usine sans hommes : aspiration ou épouvantail ?

Dans un certain nombre de conférences en France, des intervenants ont eu tendance à stigmatiser l'Industrie 4.0 et à lui associer la représentation d'une usine sans hommes, arguant du niveau élevé d'automatisation des usines allemandes et de la volonté du gouvernement d'outre-Rhin et des entreprises de remédier au problème de vieillissement de la population allemande. La démonstration se poursuivait généralement avec une représentation plus humanisée de l'usine du futur en France. Nous n'analyserons pas ici les ressorts de ce type de propos ou de ces comparaisons stériles qui ne résistent pas à l'épreuve des faits. Force est de constater que, depuis l'apparition du thème de l'Industrie 4.0, le débat sur la production 4.0 et l'avenir du travail connaît un intérêt croissant, que les articles et ouvrages se multiplient et que de premiers résultats de recherche sont désormais publiés dans un contexte où resurgit la question des avantages de l'automatisation et les risques d'une utopie du « tout automatisé ».

« Nous sommes des fournisseurs d'automatisation, c'est-à-dire que nous rendons possibles des économies de ressources. Il est clair que la tendance à produire sans humains touche toujours plus de domaines, mais elle ne s'est jamais totalement réalisée. »

Entretien KCC avec Klaus Kronberger,
CEO de l'entreprise Adiro

L'automatisation va-t-elle de pair avec une efficacité augmentée ? Lisanne Bainbridge invitait, dès 1983, à questionner cette croyance qui associe systématiquement l'une et l'autre. Elle a été la première à démontrer qu'une automatisation accrue s'accompagne d'un risque croissant de dysfonctionnements de plus en plus compliqués à gérer [13].

La conception de l'atelier 54 (« Halle 54 ») de l'usine Volkswagen de Wolfsburg est un épisode symptomatique des « *ironies de l'automatisation* [14] ». Dans cette usine, il avait été décidé d'augmenter le degré d'automatisation dans les opérations de montage en bout de chaîne – une activité qui jusque-là s'y prêtait mal. Si ce taux chez les principaux concurrents ne dépassait pas 5 %, la direction de Volkswagen s'était fixé comme premier objectif de monter à 25 % d'automatisation. Le zéro défaut était également visé pour la production du modèle Golf. Mais c'est finalement un modèle d'« automatisation adaptée » qui en a résulté, les opérateurs venant régulièrement corriger les défauts de montage sur les chaînes de robots qui pouvaient immobiliser pendant de précieuses minutes l'ensemble du processus de production.

Plus récemment, l'exemple de Toyota – décrit dans un ouvrage sur l'avenir du travail dans l'Industrie 4.0 publié par le ministère fédéral de l'Économie et de l'Énergie – est également instructif [15]. Toyota s'était fixé comme objectif de produire 10 millions de voitures en 2014. Pour réaliser ses ambitions, l'entreprise a eu recours aux robots industriels. La responsabilité des salariés se limitait à l'approvisionnement des machines avec les pièces à façonner. Or, le nombre d'anomalies dans la production a été en augmentant au cours des dernières années : en 2009, l'entreprise a été contrainte de rappeler 3,8 millions de voitures, en raison d'un problème lié aux pédales de frein ; puis, en 2014, ce sont 6,4 millions de voitures qui ont été rappelées suite à un problème de fixation des volants et des sièges.

En conséquence, Toyota a développé une nouvelle stratégie qui consiste à réintégrer l'homme pour regagner en savoir-faire dans la fabrication. Des fabriques d'apprentissage (*Lernfabrik*) ont été mises en place pour réapprendre aux salariés les étapes critiques sur la ligne de montage. Ils sont de nouveau formés à la maintenance et au réglage des machines. Le numérique ne fait que renforcer le constat déjà bien établi qu'en impliquant davantage les opérateurs, ils peuvent mieux identifier les potentiels d'optimisation et les gisements de gains.

Les usines 4.0 qui se développent sur le territoire allemand ne sont pas des usines sans humains. Bien sûr, le remplacement de 6 lignes de montage par une seule ligne modulaire détruit de l'emploi à court terme. Mais les potentiels de rationalisation sont-ils si importants ? Il y a un risque à trop se focaliser sur le niveau des ateliers et des opérateurs déjà fortement touchés par la précédente vague d'automatisation. Il y a fort à parier que ce ne sont pas ces métiers qui seront en première ligne, mais davantage les fonctions administratives traitant de données qui subiront de plein fouet l'intégration des systèmes d'information dans l'entreprise depuis les lignes de production jusqu'à la livraison au client.

---

13 Bainbridge Lisanne (1983), « Ironies of Automation », *Automatica*, vol. 19, n° 6, p. 775-779.
14 Heßler Martina (2014), « Die Halle 54 bei Volkswagen und die Grenzen der Automatisierung. Überlegungen zum Mensch-Maschine-Verhältnis in der industriellen Produktion der 1980er-Jahre », *Studies in Contemporary History*, novembre, p. 56-76.
15 Wischmann Steffen (2015), « Arbeitssystemgestaltung im Spannungsfeld zwischen Organisation und Mensch-Technik-Interaktion – das Beispiel Robotik », *in* BMWi, *Zukunft der Arbeit in Industrie 4.0*, p. 72-77.

Les enjeux du nouvel environnement de travail

L'usine modulaire, adaptable en temps réel, pose également la question de l'organisation de la flexibilité du travail. Les demandes concernant la flexibilité augmentent, ainsi que les demandes de contreparties de la part des salariés.

> *« Nous sommes à la recherche d'une ligne directrice pour le travail industriel moderne et la flexibilité. Nous avons besoin de bonnes références qui permettent de démontrer qu'il est possible de concevoir des jobs attractifs dans un contexte d'Industrie 4.0. »*
>
> Entretien KCC avec Dr. Constanze Kurz,
> membre du Vorstand de l'IG Metall

Il existe en Allemagne plusieurs moyens de parvenir à une flexibilité interne. Aujourd'hui, les entreprises se servent des comptes épargne-temps (*Arbeitszeitkonten*) qui permettent de cumuler des heures en période d'activité intense et de les diminuer lors d'activité réduite. Avec l'Industrie 4.0, il sera de plus en plus nécessaire de pratiquer la polyvalence des tâches, c'est-à-dire de changer de tâches en fonction des besoins de l'entreprise et de minimiser les temps morts (*Leerlaufzeiten*).

Alors que la flexibilité au travail ne pose aucun ou peu de problèmes pour 78 % des employés d'après une étude de l'IG Metall [16], une minorité de 10 % refuse toutefois catégoriquement toute forme de flexibilité. Les salariés demandent aussi parallèlement des contreparties : sécurité de l'emploi et dédommagement financier, mais surtout une flexibilité allant dans leur sens, de façon à pouvoir poser des jours de manière flexible et à court terme.

Un autre thème très lié à la numérisation est le refus d'une surveillance de chaque instant, risquant de rendre le salarié aussi « transparent qu'un verre » (« *gläserner Mitarbeiter* »), et la protection de données.

Par la mise en réseau de toutes les machines sur une ligne de production Industrie 4.0, la hiérarchie de l'entreprise peut à tout moment connaître l'état d'avancement des processus et le statut des pièces en cours de fabrication. L'entreprise dispose ainsi de données très détaillées sur la performance individuelle des salariés. Les syndicats s'inquiètent de ce que cela pourrait engendrer : nouvelles formes de contrôle du comportement et pression accrue sur la performance. Dans un rapport sur l'IoT et les technologies RFID de 2009 publié par la Fondation Hans Böckler, les deux auteurs associés au VDI/VDE recommandent que les conseils d'établissement (*Betriebsrat*) se mobilisent au sein des entreprises d'une même branche, tout au long de la chaîne de valeur, pour une protection des opérateurs et une protection de leurs données de production [17].

---

16 IG Metall « Beschäftigtenbefragung », 2014.
17 Alfons Botthof, Marc Bovenschult (2009), *Internet der Dinge. Die Informatisierung der Arbeitswelt*, étude commandée par le DGB, l'IG Metall, ver. di et le VDI/VDE, et publiée par la Fondation Hans Böckler.

Une controverse similaire concerne le recensement des données vitales (*Erfassung von Vitaldaten*). À la foire de Hanovre, le professeur Sabine Pfeiffer a montré un film réalisé par l'Institut pour les machines-outils et les sciences de gestion (*Institut für Werkzeugmaschinen und Betriebswissenschaften* – IWB) de l'université technique de Munich sur l'usine du futur. Dans cette usine, le pouls des salariés âgés est mesuré et enregistré. S'il dépasse un seuil critique, un opérateur remplaçant est appelé automatiquement pour assister le salarié… ou bien le système signale au salarié de s'orienter vers des tâches plus simples. Le débat est ouvert. Alors que Henning Kagermann considère cela comme une innovation utile, « *nous voulons nous assurer que les salariés travaillent à la place qui est la plus appropriée pour eux !* », Constanze Kurz refuse de son côté cette forme de surveillance.

Un dernier champ de débat concerne la frontière entre vie privée et vie professionnelle. La mise en réseau est souvent couplée avec l'introduction des appareils mobiles. Le projet Kapaflexcy [18] piloté par l'Institut Fraunhofer pour l'économie du travail et l'organisation (Fraunhofer IAO) réunit 9 autres partenaires, instituts de recherche et entreprises, autour d'une ambition : créer de nouvelles formes d'organisation de la flexibilité, à l'aide d'une application mobile sur smartphone, en coordonnant la rotation des équipes avec une sorte de « Doodle » dédié à la gestion des plannings. Cette utilisation des médias sociaux dans l'usine permet également de participer à une conférence depuis son domicile *via* l'application Skype.

Figure 17 – Un « doodle » pour gérer l'organisation du travail par équipe

Source : Projet Kapaflexcy. © Photo Bernd Müller.

---

18 Kapaflexcy est l'abréviation de *Selbstorganisierte Kapazitätsflexibilität in Cyber-Physical-Systems* (Auto-organisation des capacités de flexibilité dans les systèmes cyber-physiques).

De nouveaux risques sont associés à ces formes de flexibilité du travail. S'il devient possible d'être joignable à tout moment, quel que soit le lieu où l'on se trouve, comment s'assurer de ne pas aller vers un diktat obligeant à « *être accessible partout et à toute heure* » ? Pour le ministère fédéral du Travail et des Affaires sociales (BMAS), il convient de définir précisément des périodes où il est autorisé de ne pas être connecté ou joignable pour garantir un cloisonnement entre vie privée et vie professionnelle (*Entgrenzung der Arbeit*).

Vers une hybridation des métiers

S'il reste difficile à ce stade de décrire les métiers à un horizon de dix ans, quelques tendances sont déjà observables. Initié il y plus de trente ans, le mouvement de rapprochement entre les TIC et les industries mécanique, électrique et électronique – qui avait conduit à l'apparition de la mécatronique – connaît un nouveau stade de développement avec la digitalisation de la chaîne de valeur, qui est au cœur du projet Industrie 4.0. C'est aux interstices entre ces différentes branches que les plus forts besoins en personnel qualifié se feront sentir.

> *«Trouver des clients preneurs de solutions d'apprentissage Industrie 4.0 revient à chercher une aiguille dans une meule de foin, car les contenus Industrie 4.0 ne sont pas encore intégrés aux cursus.»*
>
> Entretien KCC avec Klaus Kronberger,
> CEO de l'entreprise Adiro

> *« Il n'y a pas encore de concept de formation professionnelle adapté aux profils que je recherche. Je n'ai pas besoin d'un ingénieur qui a beaucoup lu et entendu. Je préfère former un apprenti pour en faire un spécialiste des techniques d'automatisation avec un point fort sur le logiciel, en espérant qu'il restera chez moi. »*
> *« La première raison pour laquelle de jeunes employés quittent l'entreprise est liée à leur souhait de poursuivre leurs études. Des formations continues s'adressant à des techniciens, afin d'en faire des concepteurs en électricité, seraient également utiles. »*
>
> Entretien KCC avec Dieter Faude,
> CEO de Faude Group

L'enjeu de la formation pour l'Industrie 4.0 est à la fois un enjeu de création de nouveaux cursus et un enjeu de mise en relation et de rapprochement de formations existantes.

En association avec les chambres de commerce, l'IG Metall et le VDMA, l'Institut fédéral pour la formation professionnelle (BIBB) a ainsi élaboré un nouveau cursus de formation : le technologue de production (*Produktions-technologue*) [19].

---

19   Karlheinz Müller (2013), *Aus– und Weiterbildungskonzepte für Industrie 4.0*, VDMA Veranstaltung, 25 juillet.

Figure 18 – L'attractivité d'un nouveau métier high-tech

Source : Brochure disponible sur le site http://www.produktionstechnologe.de/pages/seiten/index.html

Ce cursus interdisciplinaire de trois ans vise à former des collaborateurs à la frontière entre les sciences de l'ingénieur, les techniques de l'information et de l'organisation pour mettre en place les processus de production dans l'entreprise. Le spectre de ce nouveau métier apparu en 2008-2009 va au-delà des seules compétences d'un mécanicien, d'un mécatronicien ou d'un électronicien (cf. figure 19).

Le technologue de production n'est pas un informaticien, mais un spécialiste qui fait le lien entre le développement des produits et des procédés, et leur mise en œuvre dans l'usine. C'est avant tout un homme de process dont le périmètre est beaucoup plus large que celui d'un mécatronicien.

Les premiers diplômés ont achevé leur cursus en 2011 et ont été recrutés au sein d'entreprises comme Trumpf ou Wittenstein. La dimension collaborative avec les parties prenantes (techniciens, ingénieurs, fournisseurs, prestataires, clients…) est particulièrement mise en avant. Ce cursus permet dans un cadre de formation continue d'accéder à des métiers de spécialistes puis de manager de « processus de technologies de production » (*Prozessmanager/in Produktionstechnologie*) (cf. tableau 4).

Figure 19 – Industrie 4.0 : de nouveaux métiers

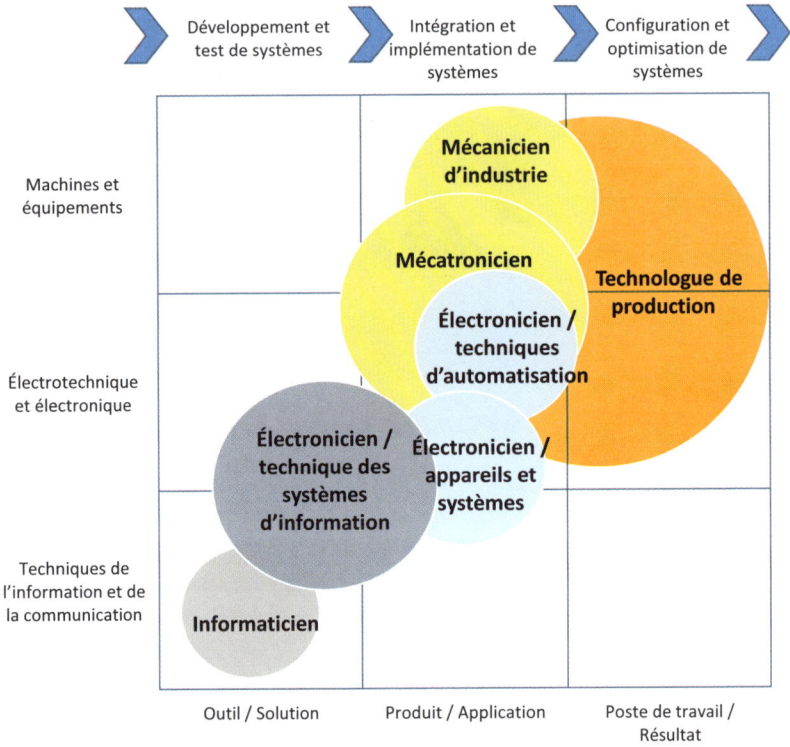

Source : © Karlheinz Müller (2013), *Aus– und Weiterbildungskonzepte für Industrie 4.0*, VDMA Veranstaltung, 25 juillet.

Le cursus reste encore confidentiel : en 2014, 146 technologues de production ont été formés contre plus de 26 000 mécatroniciens[20], mais le nombre d'entreprises choisissant de former ces profils en alternance ne cesse de croître.

Le ZVEI souligne, de son côté, que le réagencement des formations initiales pour prendre en compte la dimension systémique croissante des technologies d'automatisation et la mise en réseau *via* les TIC, était déjà en cours avant le lancement de l'Industrie 4.0[21].

Un enjeu important devient l'accès au matériel de formation. Car se former à des systèmes de production complexes demande d'autres outils que ceux requis pour l'apprentissage du pilotage d'une machine à commande numérique.

---

20 *Die Welt* (2015), « So verändert die Digitalisierung die Ausbildung », 28 août.
21 ZVEI (2015), « Industrie 4.0 braucht keine neuen Ausbildungsberufe », 25 mars. Source : http://www.zvei.org/Presse/Presseinformationen/Seiten/ausbildung-industrie-4.0.aspx

Tableau 4 – Cursus de formations initiale et continue dans le cadre de l'Industrie 4.0

Métiers	Détails
Manager de processus technologie de production	**Périmètre : du développement jusqu'à la production** • Management de processus pour la production • Management de projets complexes
↑ Accès par la formation continue	
Expert d'application	**Périmètre : entre le développement et le client** • Focus sur des applications dédiées aux clients et sur l'optimisation des process
Expert process	**Périmètre : entre le développement et la production** • Focus sur des missions liées aux processus techniques
↑ Accès par la formation continue	
Technologue de production	**Périmètre : *workflow* entre la production et le développement** • Mission de réduction du délai de time to market • Participation au développement des processus • Expérimentation des processus de production • Soutien au démarrage de la production • Garantie des standards de qualité et de la robustesse des processus • Optimisation et amélioration des processus • Sécurisation des données liées aux produits, processus et projets
Ouvrier qualifié	• Tâches de production, de pilotage, de surveillance et de maintenance
↑ Accès par la formation continue	

Source : d'après Karlheinz Müller (2013), *Aus– und Weiterbildungskonzepte für Industrie 4.0*, VDMA Veranstaltung, 25 juillet.

Les fabriques d'apprentissage, *Lernfabriken*, déjà évoquées dans le cas de Toyota sont un élément très précieux dans ce contexte. FestoDidactic, une division de Festo AG [22] a un positionnement assez unique dans ce domaine. Elle développe des *Lernfabriken* pour diffuser ses innovations technologiques et permettre aux entreprises de tester leurs plateformes d'apprentissage (cf. cas concret nº 10). En Allemagne, la création de ces nouveaux lieux d'apprentissage rencontre un succès significatif auprès des chambres de commerce et d'industrie (CCI – IHK), des lycées techniques et des IUT.

---

22 Située sur les hauteurs d'Esslingen, ville au bord du Neckar qui détient en Allemagne le record de dépôt de brevets, Festo est une entreprise familiale fondée en 1925 qui a deux activités : la production et la commercialisation de systèmes d'automatisation utilisant l'énergie pneumatique (air comprimé) ou électrique ainsi que la conception et la fabrication par sa filiale Festo Didactic de matériels pédagogiques et d'environnements d'apprentissage dans le domaine des automatismes où elle détient la première place mondiale, avec notamment ses « fabriques d'apprentissage » (*Lernfabriken*).

La fabrique d'apprentissage hybride

La PME Adiro est un fournisseur de l'entreprise Festo spécialisée dans les systèmes d'entraînement pneumatique et électrique. La filiale Festo Didactic intervient quant à elle dans le développement et la fabrication de systèmes dédiés à l'apprentissage. Elle complète son offre grâce à Adiro qui possède une grande capacité d'innovation, notamment dans le domaine de la conception et de la construction de « fabriques hybrides pour l'apprentissage » (*hybride Lernfabrik*).

Ces modèles réduits d'usine sont composés de plusieurs stations réalisant des opérations industrielles comme le filtrage, la réalisation de mélanges, la séparation de composants, la préparation, le remplissage, la logistique et le stockage. Ils s'adressent à des départements de formation de grandes entreprises, à des centres de formation de chambres de commerce et d'industrie (CCI – IHK), à des écoles professionnelles, des IUT et des universités.

Si les industries de process sont aujourd'hui ses principaux clients, Adiro développe son offre sur la partie industries de fabrication et construit notamment une « station de manipulation » pour le démonstrateur Smart Factory de Kaiserlautern.

Adiro conçoit sa mission comme celle d'un détecteur de tendances (*trend-setter*) dans le domaine des avancées technologiques. Elle traduit ensuite ces changements technologiques en outils de formation professionnelle commercialisés sous la marque Festo Didactic. Elle joue ainsi un rôle clé dans l'accompagnement du système de formation professionnelle, dans le processus de déploiement de l'Industrie 4.0 et dans la création de nouveaux contextes d'apprentissage.

Adiro et Festo illustrent la relation entre petites et grandes entreprises au sein du *Mittelstand*.

En Rhénanie-du-Nord-Westphalie, un acteur comme le cluster d'excellence Its'OWL s'implique également dans les formations initiale et continue.

> *« Nous sommes actifs dans les domaines des formations initiale et continue, en aidant les universités à construire les cursus. Les cursus de formation duale sont bien appréciés ; les entreprises financent parfois des cursus qui sont centrés sur l'Industrie 4.0. Nous sommes également impliqués dans la requalification de salariés expérimentés, ce qui n'est pas forcément facile au plan psychologique. »*

Entretien KCC avec Günter Korder,
Managing Director Cluster It's OWL

De son côté, le Land de Bade-Wurtemberg est pionnier dans la conception des nouvelles formations duales et vient de lancer un master en *Integrated Industry*. Il est présenté comme « le cursus pour l'initiative Industrie 4.0 ». C'est une formation interdisciplinaire en alternance qui intègre la construction mécanique, l'électronique, l'ingénierie technico-commerciale et le numérique. Les élèves seront préparés pour des postes de chef d'équipe en charge des systèmes d'information de production, de chef de projet pour la conception des solutions d'automatisation, d'expert senior en R&D ou de directeur de département qualité ou technologies de l'information. Toutefois, la société DEKRA souligne, dans son rapport sur le marché du travail de 2015 que, si les développeurs de logiciels et les électroniciens sont parmi les 10 profils les plus recherchés, les employeurs ne recherchent pas encore des compétences spécifiques en Industrie 4.0.

De leur côté, les chercheurs Hartmann et Bovenschulte préconisent l'introduction de masters en *industrial cognitive science* et *automation bionics* dans leur analyse des besoins en compétences[23]. Ces types de spécialistes seront recherchés pour programmer et entretenir les robots et les machines de l'usine intelligente. En revanche, les compétences en planification de production seront moins convoitées lors de l'introduction de systèmes modulaires de production gérés de manière décentralisée et autonome.

Certains observateurs issus du monde de l'IT pointent toutefois le risque qu'il y aurait à ne pas suffisamment prendre en compte les compétences des informaticiens. Ce monde reste parfois étranger aux fabricants de machines avec un risque en termes de *time to market* et de qualité d'exécution lorsqu'ils procèdent à certains développements en interne ou font appel à des ressources qui n'ont pas forcément le niveau de qualification requis.

« Beaucoup d'entreprises disent qu'elles ne veulent pas d'informaticiens. 80 % de ceux qui programment les systèmes embarqués sont des ingénieurs. »

Entretien KCC avec Ingo Ruhmann,
ministère fédéral de la Formation et de la Recherche (BMBF)

« Les fabricants de machines sont toujours plus nombreux à se lancer dans le développement de leurs propres solutions IT, mais pour cela il leur manque juste 25 ans d'expérience ! »

Entretien KCC avec Joachim Hörnle, CEO,
et Stefan Pannenberg, Solution Architect, Blue Elephant Systems

Il est surprenant de constater à quel point les termes des discussions sur l'introduction de l'Industrie 4.0 rappellent ceux du débat sur l'automatisation lancé dès les années 1950 : substitution des machines pour la réalisation de tâches pénibles, enrichissement des tâches restant confiées aux humains,

---

23 Hartmann Ernst, Bovenschulte Marc (2013), « Skills Needs Analysis for Industry 4.0 Based on Roadmaps for Smart Systems », *in* Skolkovo Moscow School of Management & International Labour Organization (dir.), *Using Technology Foresights for Identifying Future Skills Needs*, Global Workshop Proceedings, Moscou, p. 24-36.

cohabitation entre hommes et robots, risque de disparition des humains de l'usine…

Pourtant, la manière d'aborder ce thème en Allemagne est aujourd'hui différente. Tout d'abord, le travail humain n'est pas considéré comme une variable d'ajustement d'un rêve d'automatisation totale comme cela a pu être le cas dans les années 1970-1980. Le travail humain est pris en compte dès le départ dans son interaction avec les nouveaux systèmes de production. Ensuite, les acteurs, tels l'IG Metall, ont tiré les conséquences d'une politique d'opposition frontale et ont adopté une stratégie vigilante d'accompagnement destinée à peser sur les évolutions en cours dans l'organisation du travail, la formation continue, les nouveaux modes d'acquisition des compétences et la prévention de risques psychosociaux.

Dans un contexte d'incertitude radicale, rien ne sert de fantasmer à grands coups de modélisation sur l'évolution de l'emploi et sur un point d'arrivée qui reste nécessairement inconnu. Il semble bien plus efficace d'accompagner les processus d'expérimentation en cours et de tisser des liens durables avec les acteurs majeurs de la transformation numérique de l'industrie en distinguant les questions relatives à l'organisation du travail, à l'évolution des compétences et des métiers, ainsi que celles liées aux possibles reconfigurations du contrat de travail.

4

Les entreprises du *Mittelstand* face à la numérisation

Avec l'avenir du travail, la diffusion de l'Industrie 4.0 dans le *Mittelstand*[1] est l'autre enjeu prioritaire reconnu par les responsables politiques et institutionnels allemands. Comment les entreprises industrielles, petites et moyennes, réagissent-elles en Allemagne aux enjeux perçus de la numérisation ?

Les sondages réguliers réalisés auprès des *Mittelständler* montrent une position plutôt prudente, même si l'idée d'une quatrième révolution industrielle fait son chemin. La représentation qui prévaut auprès des responsables politiques et institutionnels est celle d'un *Mittelstand* attentiste, voire franchement dubitatif par rapport aux opportunités de l'Industrie 4.0. Avec, à la clé, une peur clairement palpable : dans le nouveau contexte de la numérisation, les fondements des avantages compétitifs du *Mittelstand* ne vont-ils pas devenir une menace pour son avenir ?

Au niveau macroéconomique, la question est implicitement posée en ces termes : le *Mittelstand* est-il en mesure de s'adapter à la révolution numérique ? Son mode d'innovation incrémentale est-il une force ou bien une faiblesse[2] ?

Un désintérêt apparent du *Mittelstand* pour la numérisation

De nombreux sondages ont souligné un relatif manque d'intérêt du *Mittelstand* pour la numérisation. Une étude de la DZ Bank[3] publiée en 2014 montrait que 35 % des entreprises du *Mittelstand* pensaient que la numérisation était peu pertinente par rapport à leur chaîne de valeur et 14 % supplémentaires qu'elle jouait un rôle faible.

Près de la moitié des entreprises du *Mittelstand*, soit 49 %, ne considèrent pas la prise en compte des enjeux liés à la numérisation comme une priorité. *A contrario*, elles sont tout de même 29 % à penser qu'elle joue un rôle important, 22 % estimant même que ce rôle est très important, soit 51 % au total. Quand elles se projettent dans l'avenir, ce pourcentage des entreprises concernées par la numérisation s'élève à 59 %.

La vision par branche est instructive (cf. figure 20). Cette analyse souligne en effet que le pourcentage d'entreprises estimant que la numérisation représente l'enjeu le plus important est de 88 % dans l'agroalimentaire. *A contrario*, ce pourcentage n'est que de 61 % dans l'industrie mécanique, des métaux et de l'acier.

---

1   Nous retenons dans cet ouvrage une conception élargie du *Mittelstand* ne se limitant pas à une définition statistique. Sont ici concernées comme entreprises du *Mittelstand*, toutes les entreprises familiales et patrimoniales indépendantes et s'identifiant aux valeurs et à l'ADN du *Mittelstand* : inscription dans la durée, indépendance... Cf. Kohler Dorothée, Weisz Jean-Daniel (2012), *Pour un nouveau regard sur le* Mittelstand, Paris, La Documentation française, 128 p.

2   Christensen Clayton (1997), *The Innovator's Dilemma*, Harvard Business Review Press, 179 p.

3   DZ Bank, Gfk Enigma (2014), *Umfrage in mittelständischen Unternehmen Digitalisierung – Bedeutung für den Mittelstand*, juin-août, 40 p. Étude menée sur un échantillon de 1 000 entreprises ayant un chiffre d'affaires compris entre 500 k€ et 125 M€.

Figure 20 – Évaluation du rôle futur de la numérisation de l'industrie par branche (en %)

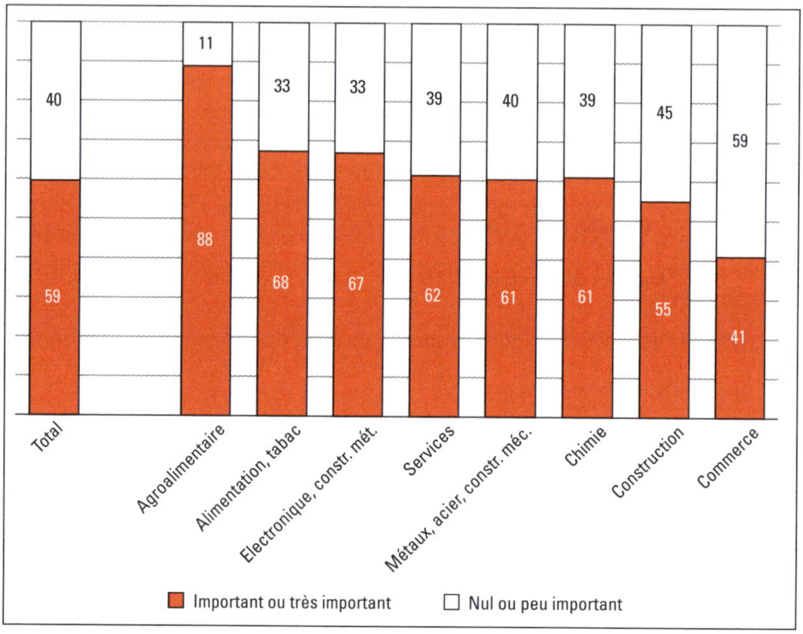

	Total	Agroalimentaire	Alimentation, tabac	Électronique, constr. mét.	Services	Métaux, acier, constr. méc.	Chimie	Construction	Commerce
Nul ou peu important	40	11	33	33	39	40	39	45	59
Important ou très important	59	88	68	67	62	61	61	55	41

■ Important ou très important   □ Nul ou peu important

Source : d'après DZ Bank, Gfk Enigma (2014), *Umfrage in mittelständischen Unternehmen Digitalisierung – Bedeutung für den Mittelstand*, juin-août.

Comment expliquer cette apparente retenue ?

Il existe de nombreuses sources d'incertitude pour les chefs d'entreprise qui sont autant de freins pour l'introduction de l'Industrie 4.0 (cf. figure 21). Certains sujets sont des interrogations très pragmatiques : est-il raisonnable de consentir des investissements importants alors que la question des standards qui vont s'imposer reste ouverte ? Les équipements sont-ils disponibles ? Les questions de propriété industrielle et de cybersécurité sont-elles suffisamment traitées pour rassurer un entrepreneur ?

L'Industrie 4.0 pose également des questions en lien avec la future organisation du travail et les nouveaux modèles d'affaires. Avec quelle ampleur et à quelle vitesse cette nouvelle manière de produire et de vendre va-t-elle obliger à repenser la façon de travailler ? Quel impact le numérique va-t-il avoir sur les métiers ? Enfin, le sujet de la disponibilité des ressources et de leur formation est évidemment au cœur du débat.

Figure 21 – Les freins perçus par les chefs d'entreprise dans le déploiement de l'Industrie 4.0

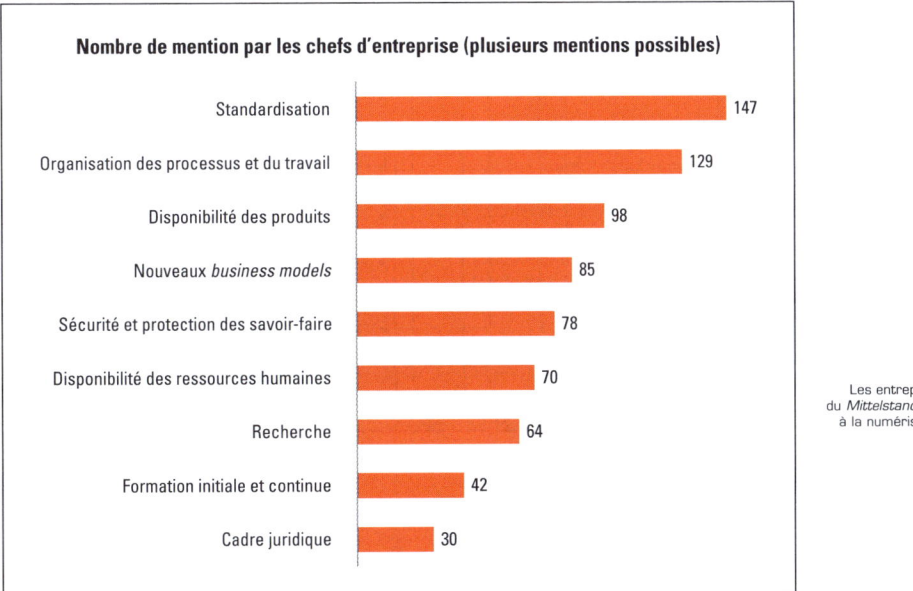

Source : Forschungsunion, Acatech (2013), *Umsetzungsempfehlungen für das Zukunftsprojekt Industrie 4.0*, p. 29.

L'analyse SWOT réalisée pour le ministère fédéral de l'Économie et de l'Énergie souligne bien les freins à surmonter pour déployer l'Industrie 4.0 dans les entreprises (cf. tableau 5). Si seulement 4 % des entreprises se sont lancées dans des déploiements concrets, le besoin d'accompagnement se fait très nettement sentir, tant pour la prise de conscience des évolutions stratégiques induites par la numérisation que pour celle de l'ampleur des investissements à lancer.

Mais comment expliquer la posture frileuse du *Mittelstand* face à la numérisation ?

Parvenir à nouer de nouvelles coopérations suppose d'avoir franchi un certain nombre de barrières culturelles et psychologiques qui peuvent rebuter nombre de *Mittelständler* à court et moyen termes.

Tableau 5 – Analyse du déploiement Industrie 4.0 dans les entreprises

Forces	Faiblesses
<ul><li>Le management ne se focalise plus autant sur la réduction des coûts, mais sur de nouveaux modèles d'affaires.</li><li>Les technologies des TIC sont aujourd'hui largement diffusées dans le pilotage de process.</li><li>Les collaborateurs font déjà preuve de flexibilité.</li><li>L'Industrie 4.0 nécessite le développement de nouvelles compétences et le système dual de formation est un atout.</li><li>La majorité des entreprises s'attendent, grâce à l'Industrie 4.0, à une augmentation du CA et une augmentation de la productivité ainsi qu'une production plus flexible.</li></ul>	<ul><li>Les interactions (digitales) avec les clients sont encore trop peu nombreuses.</li><li>Les coûts de la documentation des directives et des normes sont très nettement supérieurs aux bénéfices.</li><li>Peu d'entreprises utilisent des SCP dans la production.</li><li>Les processus de numérisation sont insuffisamment coordonnés dans la phase de mise en œuvre.</li><li>Il n'y a pas de proposition d'indicateurs pour mesurer le niveau de déploiement des processus digitaux.</li><li>La majorité des entreprises produisent encore de manière manuelle ou éventuellement de manière hybride.</li><li>Tout juste 4 % des entreprises ont réalisé des efforts concrets de déploiement.</li></ul>
Chances	**Risques**
<ul><li>Un potentiel de croissance est associé à la numérisation.</li><li>L'Industrie 4.0 peut être introduite en complément du travail humain.</li><li>Aujourd'hui, un grand nombre de technologies de l'information sont introduites dans la production, mais la connexion des systèmes entre eux fait défaut.</li><li>Le management reconnaît qu'il sera nécessaire de réagir très rapidement demain aux désirs des clients.</li><li>Les tablettes vont réduire l'ampleur des notices.</li><li>Les dirigeants sont convaincus du potentiel qui peut émerger de la thématique Industrie 4.0.</li><li>Une prise de conscience que les technologies IT génèreront les transformations les plus importantes dans la production industrielle.</li></ul>	<ul><li>Les ressources financières manquent aux entreprises pour mettre en œuvre l'Industrie 4.0.</li><li>Les acteurs semblent sous-estimer les contraintes liées à la mise en œuvre de l'Industrie 4.0 (notamment en ce qui concerne les besoins d'investissement). Le risque existe de louper le coche Industrie 4.0.</li><li>Côté managérial, on note l'absence de vision digitale.</li><li>Les dirigeants ont du mal à percevoir le potentiel de l'Industrie 4.0.</li><li>Le pouvoir futur des consommateurs est sous-estimé.</li><li>La majorité des entreprises se trouvent aujourd'hui dépassées par la complexité du thème Industrie 4.0.</li></ul>

Source : Bundesministerium für Wirtschaft und Energie (2015), *Industrie 4.0. Volks- und betriebswirtschaftliche Faktoren für den Standort Deutschland*, avril, p. 38.

Le rôle des barrières culturelles et psychologiques

Jamais dans l'histoire du capitalisme les décideurs économiques n'ont eu à faire face à des possibilités de rupture dans un contexte aussi incertain. Il ne s'agit pas de décider d'introduire une nouvelle technologie ou de transformer ses lignes pour produire davantage, mieux et plus vite, mais de s'interroger sur son positionnement marché au regard de la nouvelle donne numérique. L'Industrie 4.0 oblige le chef d'entreprise à penser son entreprise dans un environnement complexe, à remettre en cause son modèle d'affaires.

« Pour tendre vers l'Industrie 4.0, il faut penser et agir de manière interdisciplinaire et innovante. »

Entretien KCC avec Klaus Kronberger,
CEO de l'entreprise Adiro

S'approprier l'Industrie 4.0 demande de se confronter à ses propres peurs ; elle oblige à franchir des barrières, à accepter qu'un nouveau concurrent puisse arriver brusquement sur son marché et que les biens et services se trouvent face à une obsolescence rapide. Penser l'innovation sur un plan purement technique et en solo sans la relier à un besoin exprimé par le client risque de devenir fatal.

> « L'Industrie 4.0 impose d'avoir une approche globale et transversale des différents domaines techniques, tout particulièrement dans le domaine des techniques d'entraînement où les données disponibles permettent de développer une gestion intelligente du moteur et du système d'entraînement. Pour cela, les données électriques et mécaniques sont particulièrement nécessaires. »

Entretien KCC avec Karl-Ernst Vathauer,
CEO de l'entreprise MSF Vathauer

4

Les entreprises
du *Mittelstand* face
à la numérisation

Or, pour Christian Kellermann-Langhagen du ZVEI, « *les* Mittelständler *ne pensent pas de manière abstraite au potentiel de développement de leur chaîne de création de valeur*[4] ».

> « *L'*open innovation *? Les* Mittelständler *la pratiquent depuis longtemps ; ils expérimentent de concert avec leurs clients.* »

Entretien KCC avec Ingo Ruhmann,
ministère fédéral de la Formation et de la Recherche (BMBF)

Après la mondialisation qui a introduit la dynamique des marchés internationaux au sein des stratégies d'entreprise, la numérisation suppose maintenant de penser l'évolution des modes de consommation et de production, de s'ouvrir à de nouvelles coopérations, de prendre des risques en sortant de sa zone de confort. Pour beaucoup de chefs d'entreprise du *Mittelstand*, l'Industrie 4.0 représente un saut dans l'inconnu qui entre en résonnance avec certaines peurs de par son caractère encore très immatériel accompagné de menaces bien réelles.

La question est de savoir si ces spécialistes de la *perfection du banal*[5] vont prendre la vague de la numérisation de l'industrie qui impose un changement radical de culture en lien avec les changements d'usages. Comme le souligne Christian Kellermann-Langhagen, cette vague de la numérisation est en partie tirée par des consommateurs qui cherchent de plus en plus à acheter une valeur d'usage et non plus forcément à acquérir un produit ou une machine.

---

4 Interview avec Dr. Christian Kellermann-Langhagen, Referent Forschung & Entwicklung, Zentralverband Elektrotechnik– und Elektronikindustrie (ZVEI), Mitglied der Geschäftsstelle, Plattform Industrie 4.0, 26 mars 2015.

5 Kohler Dorothée, Weisz Jean-Daniel (2012), *Pour un nouveau regard sur le* Mittelstand, *op. cit.*, p. 55.

« Dans notre région où les habitants sont considérés comme un peu renfermés sur eux-mêmes, mais où il y a un fort sentiment d'appartenance au collectif, l'entreprise a osé bousculer ses croyances en adoptant une stratégie d'innovation fondée sur la combinaison entre une innovation process et une innovation produit. »

Entretien KCC avec Karl-Ernst Vathauer,
CEO de l'entreprise MSF Vathauer

Au final, c'est la capacité de l'équipe dirigeante à se poser la question de la pertinence d'une stratégie digitale pour l'entreprise qui est déterminante. Pour cela, le chef d'entreprise doit se faire une représentation concrète des bénéfices qu'il pourra tirer du numérique et des changements à opérer dans la stratégie et dans l'organisation.

« Industrie 4.0, chacun doit se faire sa religion sur le sujet. »

Entretien KCC avec le CEO d'une entreprise du *Mittelstand*,
Rhénanie-du–Nord-Westphalie

Il faut être prêt à oser une remise en cause de son modèle d'affaires, tout en identifiant les nouvelles menaces et opportunités. Face à la transformation numérique, il ne s'agit plus d'être suiveur ou de rechercher la compétition en solo. Dans ce contexte, le dirigeant du *Mittelstand* doit revoir son positionnement stratégique et initier un projet de conduite du changement à l'échelle globale de l'entreprise. Souvent, un accompagnement externe est nécessaire.

« L'Industrie 4.0, ça n'est pas quelque chose que l'on peut acheter. »

Entretien KCC avec Judith Binzer, VDMA

Face à l'ampleur et à la complexité du sujet, un *Mittelständler* qui est déjà bien occupé par la gestion de son carnet de commandes peut-il dégager les ressources nécessaires ? Quant à l'ADN et aux valeurs du *Mittelstand*, sont-ils compatibles avec cette remise en question ?

L'ADN du *Mittelstand* : un atout ou un frein ?

Parmi les doutes qui assaillent les responsables allemands face à la capacité d'adaptation du *Mittelstand* à l'industrie 4.0, figure une interrogation majeure : l'ADN de l'entreprise familiale facilitera-t-il ce saut numérique ou sera-t-il au contraire un frein ?

Tout d'abord, la posture prudente, pragmatique et proche des besoins du client des entreprises du *Mittelstand* est une composante essentielle de leur ADN.

Face à l'industrie 4.0, le dirigeant se posera donc trois grandes questions :
- Quel est le bénéfice client apporté par l'innovation ?
- Combien le client est-il prêt à payer pour y avoir accès ?
- Combien cela va-t-il me coûter ?

> *« Dans la fabrication opérationnelle de machines, on parle peu d'Industrie 4.0, mais simplement de la résolution de problèmes pour les clients. »*
>
> Entretien KCC avec Klaus Kronberger,
> CEO de l'entreprise Adiro

4

Les entreprises
du *Mittelstand* face
à la numérisation

La décision d'investissement est conditionnée par cette analyse coûts/bénéfices.

Or, à ces trois niveaux, de multiples obstacles existent. Tout d'abord, selon les secteurs d'activité, le bénéfice client n'est pas toujours immédiatement perceptible ou bien l'Industrie 4.0 n'est pas considérée comme une réelle innovation. « *Rien de nouveau sous le soleil, je fais cela depuis vingt ans !* » est une antienne souvent entendue.

> *« Nous proposons depuis longtemps des outils qui permettent de regarder à l'intérieur de nos machines car elles sont installées à l'écart, dans les caves, et les directeurs d'usine veulent savoir ce qui s'y passe. Autrefois, il y a environ dix ans, la communication passait par un modem téléphonique avec un logiciel de commande et les messages d'erreurs étaient transmis. Nous pratiquions déjà de la maintenance prédictive. Le seul changement, c'est qu'aujourd'hui cela passe par l'internet, que les web servers sont meilleur marché et plus faciles à connecter. Pour l'utilisateur, il n'y a de mon point de vue aucune valeur ajoutée entre hier et maintenant. »*
>
> Entretien KCC avec un dirigeant d'entreprise industrielle B to B
> de la région de Stuttgart

Ensuite, l'introduction de capteurs dans les machines et les composants, le développement de services autour des données d'usage sont souvent considérés comme un avantage pour le fournisseur d'équipements et non pour le client. Si elles ont une valeur, pourquoi le client laisserait-il le fournisseur utiliser ses données d'usage ? Et si elles intéressent avant tout le fournisseur, pourquoi le client paierait-il plus cher une machine connectée ? Comme le souligne un fabricant de machines, « *les* Mittelständler *doivent trouver un avantage financier pour s'intéresser à l'Industrie 4.0 et, pour le moment, seul le fournisseur final trouve cet avantage, pas le fournisseur intermédiaire* ».

Enfin, à l'échelle du *Mittelstand*, le passage à l'Industrie 4.0 représente un effort d'investissement significatif pour lequel la rentabilité reste incertaine. Certes, des analyses montrent que si la rentabilité des technologies s'avère lente dans les premières années, elle s'accroît ensuite avec les effets de réseau entre entreprises et l'atteinte d'une masse critique : le nombre d'utilisateurs augmente exponentiellement et la diffusion de la technologie s'accélère. Mais il peut s'avérer urgent d'attendre.

Pour beaucoup d'entreprises individuelles, l'investissement initial dans l'Industrie 4.0 est donc perçu comme dépassant le bénéfice économique attendu. D'où l'importance de concevoir et de proposer des systèmes adaptés aux différentes tailles d'entreprises et capables d'évoluer pour s'intégrer dans des systèmes plus vastes accompagnant la croissance.

> *« Nous avons besoin de systèmes robotiques évolutifs, afin qu'un nouveau client ne soit pas obligé d'investir tout de suite 100 M€ pour une ligne de production. Les solutions de robots légers ne coûtent plus aujourd'hui que la moitié de ce qu'elles coûtaient auparavant et peuvent être amorties sur une durée d'un an, parfois moins. En plus, elles peuvent être installées et configurées sur des lignes de production en cours de fonctionnement. »*

Entretien KCC avec Dieter Faude,
CEO de Faude Group

La deuxième force du *Mittelstand* susceptible de devenir une faiblesse est sa forme d'innovation privilégiée, à savoir l'innovation incrémentale liée à un positionnement de niche[6]. Avec l'Industrie 4.0, on peut se demander si cette composante clé de l'ADN du *Mittelstand* ne va pas être mise à mal. L'Industrie 4.0 ne représente-t-elle pas une menace pour ces entreprises familiales qui ont parfois plus de 70 ans et qui cultivent la tradition de l'innovation incrémentale ? Dans quelle mesure, le développement de nouveaux modèles d'affaires concerne-t-il les champions cachés (*Hidden Champions*) qui sont positionnés sur des niches ?

Bien avant l'apparition de l'Industrie 4.0, l'exemple de l'entreprise de fabrication d'objectifs et d'appareils photographiques haut de gamme Leica montre à quel point une entreprise leader de niche et propriétaire d'une marque forte peut se retrouver en danger de mort face à l'irruption d'une innovation de rupture, à savoir le passage de la photographie sur support argentique à la photographie numérique.

Le cercle vertueux du *Mittelstand*[7], où l'avantage compétitif sur un marché de niche entretenu par une innovation incrémentale permet de dégager les ressources financières pour l'investissement, ne risque-t-il pas de se gripper ?

Le *Mittelstand* allemand, tout particulièrement dans l'industrie manufacturière, est enfin connu pour son mode d'organisation décentralisé où les relations entre « partenaires de développement » (*Entwicklungspartner*) sont essentielles.

---

6   Cf. Kohler Dorothée, Weisz Jean-Daniel (2012), *op. cit.*
7   Kohler Dorothée, Weisz Jean-Daniel (2012), *Ibid.*, p. 91.

Les alliances entre les *global players* font les gros titres de la presse économique, les cloisons entre filières, branches et métiers tombent pour laisser la place à l'hybridation et au collaboratif. Dans ce nouvel environnement, devenir et rester leader ne s'apparente plus à une course au long cours en solitaire. L'avantage ira à celui qui saura – en associant ses clients et ses partenaires – faire naître des complémentarités insoupçonnées entre des modèles d'affaires différents. Mais, pour cela, il faut être prêt à remettre en question une partie de son indépendance.

Ce n'est pas un hasard si les branches de la mécanique et de l'électrotechnique ont été des moteurs de la mobilisation pour l'Industrie 4.0. Ce sont aussi les branches peu concentrées où existent des milliers d'acteurs. Dans la mécanique, la part du chiffre d'affaires réalisé par des entreprises de plus de 1 000 salariés ne représente que 34 % de celui de la branche contre 84 % pour l'industrie automobile. De même dans le secteur de la fabrication électrique ou de produits informatiques, électroniques et optiques, ce ratio tourne autour de 40 %. La dispersion des entreprises du *Mittelstand* y est donc est plus forte.

4

Les entreprises
du *Mittelstand* face
à la numérisation

D'où le rôle clé des entreprises du *Mittelstand premium*, situées entre les *global players* et les entreprises petites et moyennes pour jouer un rôle d'entraînement dans la diffusion de la numérisation au sein de l'industrie.

L'effet d'entraînement du *Mittelstand premium*

Un levier essentiel concerne l'effet d'entraînement qu'ont des entreprises équivalentes en termes de taille à nos grosses ETI et qui accompagnent de plus petites entreprises du *Mittelstand* dans leur transformation numérique.

De nombreuses entreprises du *Mittelstand premium* participent, depuis le début, à l'aventure Industrie 4.0. Elles ont notamment été membres des différentes initiatives fédérant ce champ dont la *Forschungsunion*, union entre la recherche et l'industrie, qui a défriché les thèmes de l'Industrie 4.0, le comité stratégique de la plateforme Industrie 4.0 pilotée par trois fédérations professionnelles allemandes, les initiatives lancées au niveau des Länder (cf. tableau 6).

Ces entreprises du *Mittelstand premium* fabriquent des composants, des équipements, proposent des services d'intégration. Elles ont pour nom Festo, Trumpf, Wittenstein, Beckhoff, Phoenix Contact, Pilz, Harting…

Elles correspondent, dans les catégories françaises, aux « belles ETI », aux « petites GE », plus rarement aux « grosses PME », des entreprises de poids dans la colonne vertébrale économique incarnée par l'industrie mécanique et électrotechnique allemande. Ces entreprises jouent le rôle de fournisseurs de solutions partielles et de composants qui permettent à une myriade d'entreprises plus petites de développer des offres originales et de se positionner sur des niches Industrie 4.0 (cf. cas concret no 11).

Tableau 6 – Quelques entreprises du *Mittelstand premium* moteurs dans l'Industrie 4.0 (données 2014-2015)

Entreprise	Localisation	Effectifs	CA (M€)	Types de solution
Beckhoff Automation	Verl (Gütersloh)	2 900	510	PC industriels, systèmes de bus de terrain, systèmes de propulsion et d'entraînement et logiciels d'automatisation
Festo	Esslingen am Neckar	17 800	2 450	Technologies pneumatiques dans l'automatisation
Harting Technologiegruppe	Espelkamp	4 228	567	Connecteurs industriels
Kuka	Augsbourg	12 102	2 100	Robots industriels et systèmes de commande
Phoenix Contact	Blomberg	14 000	1 770	Connecteurs électriques et électroniques, automatisation industrielle
Pilz	Ostfildern	1 922	259	Capteurs, techniques de commande, réseaux, systèmes d'entraînement, systèmes de commande
Rittal	Herborn	~10 000	nd	Armoires électriques, distribution d'énergie
Trumpf	Ditzingen	10 873	2 717	Machines-outils, technologie laser, machines portatives
Weidmüller	Detmold	4 800	673	Éléments de base pour les systèmes automatisés décentralisés, connecteurs, ethernet industriel
Wittenstein	Igersheim	1 875	276	Engrenages planétaires, techniques d'engrenages, systèmes d'entraînement électromécaniques, moteurs et systèmes de servo-moteurs

nd : non disponible.
Source : sites internet des entreprises.

Les entreprises du *Mittelstand* sont considérées à la fois comme des producteurs, des utilisateurs, mais aussi des « essaimeurs » d'Industrie 4.0. Comme le remarque Bernd Kärcher de Festo : « *Nos clients demandent ce que nous faisons avec l'Industrie 4.0 ; nous voulons leur montrer la voie pour qu'ils se saisissent du sujet.* »

En revanche, pour les prestataires et fournisseurs de solutions IT, le bilan est plus contrasté. Là réside probablement le talon d'Achille de l'Industrie 4.0. Dans les technologies de l'information, l'Allemagne dispose de trop peu d'acteurs, qui sont du reste trop petits. On ne retrouve pas dans ce secteur des leaders de taille moyenne qui peuvent avoir un effet d'entraînement significatif, même si de nombreuses PME spécialisées dans les TIC sont mobilisées dans les projets Industrie 4.0 du ministère fédéral de la Formation et de la Recherche (BMBF).

Numérique : la stratégie du «Meccano»

Vathauer est une entreprise leader sur le marché des systèmes d'entraînement mécaniques, électroniques et mécatroniques pour des systèmes de convoyage (glissage, chaîne, palettes, modulaire…).

Pour son dirigeant, Karl Heinz Vathauer, l'équation Industrie 4.0 n'a pas été facile à résoudre. L'objectif consiste à construire des systèmes de transport décentralisés, qui s'affranchissent de la commande centrale et des automates programmables industriels (API).

Mais l'entreprise ne maîtrise pas tous les éléments technologiques et notamment la connectique. Elle est confrontée à des clients qui sont des constructeurs d'installation, très attentifs au coût, et des exploitants pour lesquels l'argument principal est la maintenance. Ses clients ne s'enthousiasment pas pour de belles solutions technologiques. Ils raisonnent sur la base d'une stricte analyse coût/bénéfice. Enfin, l'entreprise réalise en interne une grande partie de la production et a l'habitude de maîtriser tout le cycle de vie de son produit – de la conception jusqu'à la production en série.

L'entreprise a construit son positionnement Industrie 4.0 grâce à une collaboration avec Weidmüller, une entreprise du *Mittelstand premium* beaucoup plus grande et spécialisée dans la connectique industrielle (4 800 collaborateurs et 673 M€ de chiffre d'affaires en 2014).

Pour développer ses activités dans l'automatisation décentralisée des systèmes d'entraînement, l'entreprise a également su utiliser les synergies développées au sein du cluster It's OWL. Environ 100 entreprises bénéficient des retombées technologiques de projets développés avec l'appui des laboratoires de l'École d'enseignement supérieur d'Ostwestfalen-Lippe et de l'université de Paderborn. Son produit *Energy Recovery System* (ERS) présenté à la foire de Hanovre 2014 est, selon les mots de Karl-Heinz Vathauer, représentatif du positionnement produit du *Mittelstand*. Celui-ci coûte 25 % de plus à l'achat, mais permet jusqu'à 78 % d'économies d'énergie en récupérant et en réinjectant dans le réseau électrique l'énergie générative du moteur[8]. Cette innovation a été obtenue en croisant des données liées au processus et celles du système d'entraînement pour optimiser le système logistique. Toutes les données peuvent être chargées et optimisées *via* internet.

En utilisant sa connexion de bus d'énergie, l'entreprise peut proposer des systèmes de convoyage composés de différents modules à propulsion autonome pilotés de manière totalement décentralisée. Ils peuvent être utilisés dans la logistique interne d'entreprises, dans des entrepôts, des centres postaux ou pour de la logistique aéroportuaire. Chez un client, 53 km de câbles en cuivre ont ainsi pu être économisés.

Outre le fonctionnement décentralisé de l'installation, l'utilisation de composants standard et le montage simplifié de l'installation (petite armoire électrique, interface entre le moteur et le système de bus d'énergie) sont source d'économies pour le client. La modularité de l'ensemble permet d'adapter l'installation aux évolutions de la production.

---

8 Cette énergie apparaît dans un moteur électrique lorsque la vitesse de rotation du rotor est supérieure à celle du réseau électrique qui l'anime.

On peut faire l'hypothèse que la transformation digitale d'entreprises du *Mittelstand premium*, à l'image de Trumpf qui développe une plateforme dédiée à la gestion quotidienne d'une usine, viendra suppléer le manque d'acteurs de plus petite taille.

> *« Je ne livre pas d'Industrie 4.0, mais des idées qui montrent le chemin vers l'Industrie 4.0. Or, pour cela, nous avons besoin de sécurité dans l'informatique et les process. »*
>
> Entretien KCC avec Klaus Kronberger,
> CEO de l'entreprise Adiro

Le défi de la diffusion de l'Industrie 4.0 dans le *Mittelstand* est donc immense. Pour les *Mittelständler* qui ont commencé à franchir le pas, cela a impliqué une remise en question des routines et une capacité à sortir du *business* quotidien pour se projeter dans un monde porteur d'opportunités, mais où les questions sont aujourd'hui plus nombreuses que les réponses. L'Industrie 4.0 suppose de concevoir l'entreprise comme un monde ouvert où les flux d'échanges avec les clients et le monde de la recherche, les interactions avec les réseaux d'entreprises issues de différentes filières gagnent en intensité. Les barrières tombent, les critères de compétitivité mutent et les risques changent de nature et d'ampleur.

Une étude du ministère fédéral de l'Économie et de l'Énergie montre que les *Mittelständer* anticipent la nécessité de coopérer pour l'Industrie 4.0. À l'horizon de cinq ans, les entreprises de plus de 500 salariés envisagent en moyenne de coopérer avec 12 nouveaux partenaires dans le cadre de l'Industrie 4.0. Pour les entreprises de moins de 500 salariés, ce nombre représente près du triple. À un horizon de dix ans, les entreprises de plus de 500 salariés auraient 23 nouveaux partenaires, celles de moins de 500 salariés, 74 nouveaux partenaires [9].

Dans chaque entreprise, c'est un processus de transformation qui implique une conduite du changement à trois niveaux : le niveau 1 : celui de l'entreprise et son environnement élargi (fournisseurs, entreprises partenaires…) ; le niveau 2 : celui des sites et des lignes de production avec notamment les interfaces entre machines ; enfin, le niveau 3 : celui des postes de travail avec l'interface homme-machine.

Toutes les dimensions de l'entreprise sont concernées, avec un premier défi : identifier les lieux où la mise en place de l'Industrie 4.0 dans la production peut être génératrice de gains et de nouveaux avantages compétitifs. Et au-delà de l'environnement de la production, il est nécessaire de questionner les fondements du modèle d'affaires pour tenir compte de l'irruption de nouveaux compétiteurs.

---

9   Bundesministerium für Wirtschaft und Energie (2015), *Industrie 4.0. Volks– und betriebswirtschaftliche Faktoren für den Standort Deutschland*, avril, p. 44.

Cybersécurité : une peur justifiée

Le rôle des entreprises des technologies de l'information et de la communication est d'autant plus important que la défiance dans la sécurité des données est un frein sérieux à la diffusion de l'Industrie 4.0 dans le *Mittelstand*[10]. Ce sujet vient juste après la standardisation, l'organisation du travail et des processus et la mise en place de nouveaux modèles d'affaires (cf. figure 21). Le premier rapport sur les recommandations pour la mise en place de l'Industrie 4.0 consacrait d'ailleurs un chapitre entier à ce thème[11].

À de nombreuses reprises, nos interlocuteurs ont évoqué le virus Stuxnet[12] ou l'espionnage par la NSA, avec la crainte très présente que le réseau énergétique ou bien les entreprises industrielles puissent être victimes d'une cyberattaque ou d'une piraterie commerciale. Le sujet a déjà inspiré des auteurs, comme Marc Elsberg dont le roman *Blackout*[13] a reçu un écho médiatique important et que certains *Mittelständler* ont sur leur bureau. Il y est question de sabotages terroristes des réseaux électriques, d'abord en Europe, puis aux États-Unis, qui paralysent l'ensemble du système du monde occidental.

4

Les entreprises
du *Mittelstand* face
à la numérisation

Les attaques bien réelles qui ont déjà eu lieu peuvent expliquer la réticence de certains *Mittelständler* envers l'Industrie 4.0 et notamment pourquoi seuls 5 % des *Mittelständler* utilisent le *cloud computing* en Allemagne[14]. Les menaces les plus significatives pour les entreprises de l'industrie mécanique sont les suivantes[15] :
- infection des équipements avec un logiciel malveillant *via* les réseaux de bureaux ;
- insertion de logiciel malveillant par clé USB ou autre matériel externe ;
- accès illicite par un réseau de télémaintenance :
- sabotage délibéré ou comportement erroné ;
- incitation à révéler des données personnelles, notamment mots de passe, par hameçonnage (e-mails frauduleux, *phishing*) et aussi par *social engineering* (prenant une fausse identité, des criminels peuvent, par exemple, se présenter dans un e-mail comme le fisc ou un interlocuteur des ressources humaines).

Si les cyberattaques dans les entreprises ne sont pas soumises à déclaration par la loi en Allemagne, les exemples d'incidents relevés en 2014 communiqués par l'Agence de sécurité numérique[16] donnent un aperçu des menaces :
- Une attaque chez des producteurs de logiciels industriels due à l'insertion d'un logiciel malveillant, Havex, qui a piraté des données d'utilisateurs.
  Conséquence : une trentaine d'entreprises allemandes concernées.

---

10 Deloitte (2013), *Digitalisierung im Mittelstand*, p. 12 ; DZ Bank, Gfk Enigma (2014), *Umfrage in mittelständischen Unternehmen Digitalisierung – Bedeutung für den Mittelstand*, p. 20.

11 Acatech, Forschungsunion (2013), *Umsetzungsempfehlungen für das Zukunftsprojekt Industrie 4.0: Abschlussbericht des Arbeitskreises Industrie 4.0*, avril, p. 50 et suiv.

12 Découvert en 2010, ce virus avait infecté les centrifugeuses nucléaires iraniennes. En ciblant le système interne de contrôle des ordinateurs Siemens (PLC), le virus a pu manipuler la vitesse des moteurs des centrifugeuses et ainsi saboter leur fonctionnement. Cf. Jacques Benillouche (2010), « Comment le virus Stuxnet s'en est pris au programme nucléaire iranien ? », 21 novembre, http://www.slate.fr/story/30471/stuxnet-virus-programme-nucleaire-iranien

13 Elsberg Marc (2013), *Blackout*, Munich, Blanvalet, 800 p. (parution en français [2015], Paris, éditions Piranha).

14 Schröder Christian (2015), *Auf dem Weg zur vernetzten Wertschöpfung: Existiert eine Digitalisierungslücke im deutschen Mittelstand?*, Institut für Mittelstandsforschung, p. 12.

15 Bundesamt für Sicherheit in der Informationstechnik (2014), *Die Lage der IT-Sicherheit in Deutschland 2014*, p. 15 et 19.

16 Bundesamt für Sicherheit in der Informationstechnik (2014), *op. cit.*, p. 31-34.

- Le sabotage d'une aciérie où les attaquants ont piraté le réseau par hameçonnage et mobilisé des techniques de *social engineering*, ce qui leur a permis d'avoir accès au réseau de production.
  Conséquence : impossibilité d'éteindre un haut fourneau et dégâts importants dans l'usine.
- Le chantage exercé sur l'entreprise britannique Code Spaces par des cybercriminels qui ont piraté un secteur de sauvegarde de données de l'entreprise dans le cloud et ont menacé de les supprimer.
  Conséquence : l'entreprise ayant refusé d'accéder aux demandes des criminels fait faillite.
- Des anomalies dans les réseaux d'énergies autrichiennes, source inconnue.
  Conséquence : si la stabilité du réseau a été préservée grâce à un effort démesuré, l'effondrement du fichier-journal pendant l'incident empêche l'analyse de la source du problème.

Pour l'Académie allemande des technologies (Acatech), il ne s'agit pas de déficience des solutions de sécurité ; le problème est que celles qui existent ne sont pas utilisées systématiquement.

Même constat chez WIBU, une entreprise spécialisée dans les questions de cybersécurité. Son dirigeant, Wolfgang Neifer [17], souligne que la sécurité doit toujours être pensée de manière sectorielle et qu'il existe des solutions spécifiques pour des réseaux téléphoniques, des satellites. Ce sont les clients qui manquent.

> « Bien que les offreurs allemands de solutions de sécurité numérique soient correctement positionnés sur le marché mondial, l'industrie allemande en tant qu'acheteur s'intéresse encore peu à ces solutions. »
>
> Entretien KCC avec Wolfgang Neifer,
> Business Development, Wibu-Systems AG

Dans le rapport de la plateforme Industrie 4.0 de 2015, la *security by design* est présentée comme constitutive de l'Industrie 4.0 [18] : la conception des produits doit intégrer en amont la dimension de cybersécurité. Le chapitre propose des mesures exemplaires pour les entreprises. En même temps, il souligne que la cybersécurité ne peut jamais être garantie de manière permanente et nécessite une constante actualisation des protections. Parmi les mesures recommandées figurent la gestion d'identité pour éviter les accès non autorisés, le codage et le cryptage des données importantes, tout comme le recours à un « broker d'identité de confiance » pour sécuriser les accès à distance.

L'Acatech recommande aussi d'instaurer l'équivalent du TÜV – organisme de certification automobile – pour assurer une « sécurité relative » des produits, la sécurité totale n'étant possible que dans les systèmes fermés [19]. Toutes ces mesures resteront cependant inefficaces si elles ne sont pas accompagnées par une formation des salariés et des dirigeants.

---

17 Interview avec le Dipl.-Ing. Wolfgang Neifer, Business Development, WIBU-Systems, 23 mars 2015.
18 Plattform Industrie 4.0 (2015), *Umsetzungsstrategie Industrie 4.0: Ergebnisbericht der Plattform Industrie 4.0*, Bitkom/VDMA/ZVEI, p. 71 et suiv.
19 Acatech (2015), *Smart Service Welt, op. cit.*, p. 21.

5

Industrie 4.0 : l'apprentissage de la coopération institutionnelle

Dès le début des années 2010, les responsables politiques et institutionnels allemands ont choisi de positionner l'Industrie 4.0 comme un défi majeur de politique industrielle. La réponse institutionnelle ne se présente pas comme un plan, un projet ou un programme. C'est l'expression d'une ambition industrielle qui a été traduite sous la forme d'une organisation évolutive. Son premier objectif a été de faire travailler ensemble des acteurs d'horizons très différents et de définir un cadre et des priorités d'action. La capacité à créer un consensus – au-delà des divergences politiques – et à impulser un processus de communication *top-down*, rapports et mémorandums à l'appui, et un processus *bottom-up*, avec le développement d'une culture de projets Industrie 4.0 en local, est un des faits saillants du dispositif. Les initiatives Industrie 4.0 ont permis de faire émerger un écosystème d'acteurs au niveau de l'État fédéral et des Länder, et de les mobiliser par rapport à des enjeux communs. Rien de spectaculaire en apparence, si ce n'est la cohérence du dispositif et la cadence de l'ensemble avec une capacité singulière au niveau de l'État fédéral à garder en ligne de mire les menaces et les risques, et à impulser des actions correctrices pour changer de braquet.

Le ministère fédéral de la Recherche et de la Formation, un acteur de premier plan

Les projets de recherche financés par le ministère fédéral de la Formation et de la Recherche (BMBF) et par le ministère de l'Économie et de l'Énergie (BMWi) qui ont été lancés en 2012, constituent le socle de la politique industrielle 4.0.

Certes, les programmes du BMBF et du BMWi ne sont pas totalement nouveaux et s'inscrivent dans une trajectoire et une tradition déjà éprouvées d'appui à l'innovation.

Du côté du BMBF, les responsables ont orienté le financement des projets d'innovation vers la recherche sur les systèmes cyber-physiques en lien avec le rapport publié sur ce thème en 2012[1].

Autre inflexion importante, la décision prise par le BMBF, début 2010, de renforcer la dimension collaborative des projets en déclarant une « grève des subventions » (*Förderstreik*), comme le souligne Ingo Ruhmann du BMBF[2]. En amont des candidatures, les « porteurs de projet » (*Projektträger*) (cf. fiche n° 3) ont joué un rôle essentiel pour faciliter la création d'alliances plus larges que celles qui ne regroupaient jusqu'alors que deux à trois entreprises.

---

1   Geisberger Eva, Broy Manfred (2012), *op. cit.*, p. 294.

2   Interview avec Ingo Ruhmann, expert au sein du BMBF des questions liées à la politique de recherche, aux impacts des technologies, à la sécurité informatique et à la protection des données, Forschungsförderung, BMBF, 16 avril 2015.

Les porteurs de projet et la recherche scientifique d'accompagnement

Les *Projektträger* sont plus que de simples bureaux d'assistance technique. Ils pallient le déficit de ressources dans les ministères pour assurer la gestion d'un grand nombre de projets. Les *Projektträger* participent à la conception et la rédaction des appels d'offres, à l'évaluation des candidatures reçues et à la préparation des dossiers de décision. Ils assurent le suivi des projets tout au long du processus. Il existe au moins 7 *Projektträger* en Allemagne mais, dans le domaine de l'industrie 4.0, ils sont principalement deux : le Centre allemand pour l'aéronautique et l'aérospatiale (*Deutsches Zentrum für Luft– und Raumfahrt* – DLR), basé à Bonn, et le Porteur de projet Karlsruhe (*Projektträger Karlsruhe* – PTKA)[3].

Leur intervention ne se limite pas à un simple soutien administratif. Les porteurs de projet participent à la définition des axes prioritaires de la recherche dans les phases de lancement des projets. Durant la phase de suivi, ils organisent des séminaires et des conférences pour mettre en réseau les acteurs. Par exemple, certains projets sont appuyés par des « cercles de travail de l'industrie » (*Industriearbeitskreise*), des réunions destinées à faire des points concernant l'avancement des projets – lesquelles sont également ouvertes à tous les chefs d'entreprise ou parties prenantes intéressés. Ces porteurs de projets jouent aussi un rôle significatif dans la diffusion des résultats de la recherche. Ils sont enfin des points de contact nationaux pour la coopération internationale de la recherche, par exemple au sein du programme de la Commission européenne « Horizon 2020 ».

À titre d'exemple, le programme « *Forschung für die Produktion von morgen* » (La recherche pour la production de demain) – placé sous la responsabilité du PTKA – a été l'objet, depuis 1999, de plusieurs appels à projets. Parmi les entreprises participant à ce programme, la moitié d'entre elles n'avaient auparavant pas bénéficié de financements de la part du ministère de la Recherche et de la Formation. Cela montre l'efficacité des porteurs de projet pour mobiliser de petites et moyennes entreprises, et les intégrer dans des programmes de subvention. Entre 1999 et 2012, plus de 3 100 entreprises et institutions de recherche ont coopéré dans près de 480 projets.

Les projets de recherche appliquée, principalement ceux du programme « Autonomik 4.0 » du BMWi, sont en parallèle appuyés par une « recherche scientifique d'accompagnement » (*wissenschaftliche Begleitforschung*). Des instituts de recherche et/ou des cabinets de conseil se voient ainsi confier plusieurs types de travaux :

- mise en réseau d'acteurs *via* des travaux de diagnostics ou de prospective ;
- études de synthèse ;
- mise en place d'interactions entre projets nationaux, ainsi que projets internationaux ;
- appui à la valorisation des résultats de la recherche ;
- appui à la communication des résultats du projet.

---

3 Projektträger des Bundesministeriums für Bildung und Forschung, http://www.bmbf.de/de/381.php

« Répondre à cette liste de demandes n'était tout simplement plus tenable. Nous avons dit aux chefs d'entreprise : nous ne donnerons plus d'argent pour des projets tant que vous n'aurez pas mis sur pied des alliances plus larges, allant au-delà des frontières de chaque branche ! »

Entretien KCC avec Ingo Ruhmann,
ministère fédéral de la Formation et de la Recherche (BMBF)

Le ministère fédéral de la Recherche et de la Formation (BMBF) a sélectionné 79 projets[4] regroupant chaque fois plusieurs entreprises et instituts de recherche. Ces projets sont généralement financés à hauteur de 60 % par le BMBF – les 40 % restant étant apportés par l'industrie. Le BMBF finance surtout des projets Industrie 4.0 de recherche fondamentale dont l'objectif est de construire des démonstrateurs (cf. tableau 7).

Tableau 7 – Le financement des programmes de recherche Industrie 4.0[5]

Ministères	Programmes	Recherche fonda-mentale	Démons-trateurs	Prototypes	Nombre de projets	Finan-cement total M€
BMBF	Mise en réseau intelligente dans la production (Forschung für die Produktion von morgen)	X			20	78,1
	TIC 2020 (IKT 2020 - Forschung für Innovationen)	X	X		8	135,9
	Cluster d'excellence It's OWL (Spitzencluster It's OWL)	X	X		33	65,9
	Cluster d'excellence Microtec Südwest (Spitzencluster Microtec Südwest)		X		14	n.d.
	Projets transnationaux en Europe			X	4	5,2
BMWi	Autonomik - systèmes autonomes basés sur la simulation pour le Mittelstand (Autonome und simulationsbasierte Systeme für den Mittelstand)		X		14	100,0
	Autonomik pour l'Industrie 4.0 (Autonomik für Industrie 4.0)		X	X	14	147,7
	Total				**107**	**532,8**

Source : d'après Agiplan, Fraunhofer IML, ZENIT (2015), *Erschließen der Anwendungspotenziale von "Industrie 4.0" im Mittelstand : Studie im Auftrag des BMWi*, juin, 400 p. Différents documents des deux ministères concernés (2014).

Le budget total de ces projets atteint 285 M€ environ (hors projets du cluster d'excellence Microtec Sud-Ouest), dont 171 M€ à la charge du BMBF et 114 M€ environ financés par l'industrie.

---

4   Bundesministerium für Bildung und Forschung (2014), *Industrie 4.0. Innovationen für die Produktion von morgen*.
5   Cette liste ne comprend pas le projet « Inbenzhap » visant à réaliser un benchmark international.

De son côté, le ministère fédéral de l'Économie et de l'Énergie disposait avant 2013 d'un programme de recherche appliquée appelé «Autonomik». Ce programme de financement de la recherche a été déployé à partir de 2008. Mais il n'a été étendu au périmètre de l'Industrie 4.0 qu'en juin 2014[6] avec un nouvel appel à projet «Autonomik 4.0». Le programme «Autonomik 4.0» regroupait en 2014, 14 projets de recherche appliquée[7].

Les projets des deux ministères – plus de 100 – arrivent pour la plupart à échéance fin 2015 ou au premier trimestre 2016, supportés par un montant total de financement de plus de 530 M€ sur la période 2013-2016.

Près de la moitié des financements (45 %) sont dédiés à la recherche en logiciels et systèmes techniques et 18 %, aux systèmes embarqués. Le reste, soit 37 % des financements, concerne la normalisation et les standards, les capteurs et la communication (cf. figure 22).

> *«La mise à disposition de méthodes de développement aidant les constructeurs de machines à développer des logiciels et des outils IT est un sujet stratégique.»*
>
> Entretien KCC avec Ingo Ruhmann,
> ministère fédéral de la Formation et de la Recherche (BMBF)

Figure 22 – Volume de financement des projets Industrie 4.0 par champ technologique

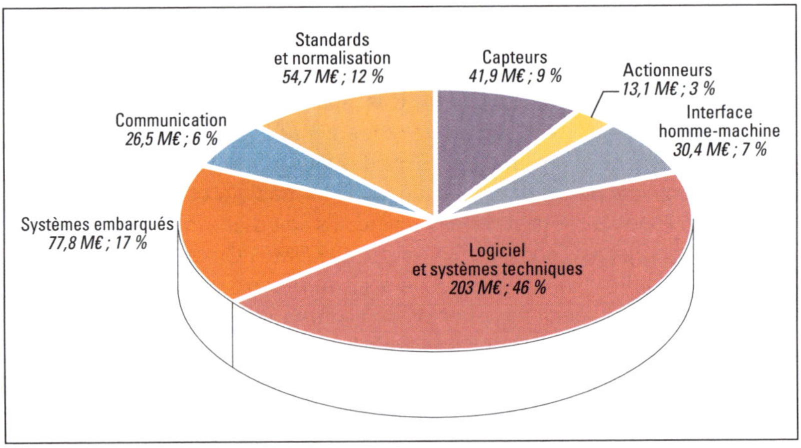

Source : BMWi (2015), *Erschließen der Potenziale der Anwendung von Industrie 4.0 im Mittelstand*, juin, 386 p.

Avec près de 10 M€ de budget, le projet Cypros (systèmes de production cyber-physiques) du BMBF est l'un des plus emblématiques. Ce projet au spectre très large cherche à caractériser l'ensemble du périmètre concerné par

---

6   Lien vers le programme antérieur à Autonomik 4.0 : http://bmwi.de/DE/Themen/Digitale-Welt/Digitale-Technologien/internet-der-dinge,did=360470.html

7   Bundesministerium für Wirtschaft und Energie (2015), *Autonomik für Industrie 4.0*, mars.

l'introduction de systèmes cyber-physiques dans la production et la logistique, et à formaliser des outils permettant leur déploiement. La société Wittenstein, une entreprise du *Mittelstand* de 1 900 salariés réalisant 254 M€ de chiffre d'affaires et spécialisée notamment dans la mécatronique, coordonne ce projet qui réunit 19 autres acteurs dont Siemens, Trumpf, des entreprises de l'IT, de la logistique ou des instituts de recherche comme l'Institut Fraunhofer IWU et le Centre de recherche allemand pour l'intelligence artificielle (DFKI).

Figure 23 – Le maillage des acteurs contribuant au projet Cypros

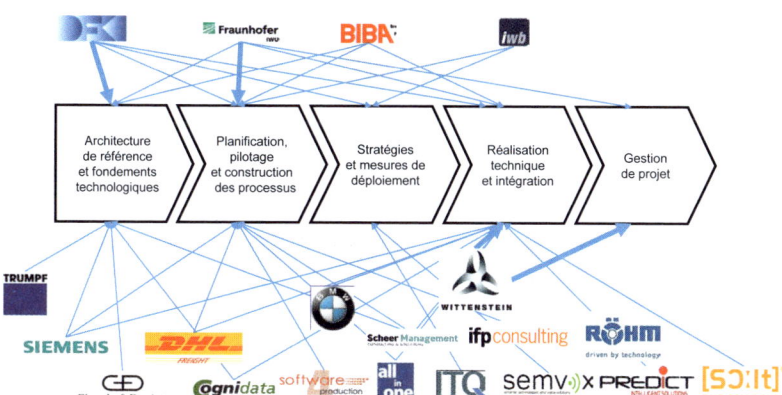

Source : © KOHLER Consulting & Coaching, d'après http://www.projekt-cypros.de – Industrie 4.0

Plus petit, avec un financement de 4 M€, le projet Bazmod est destiné à produire une broche de machine-outil rotative dotée d'interfaces physiques standardisées. Ces interfaces sont intégrées dans des systèmes cyber-physiques et des modules logiciels permettent l'identification immédiate et la synchronisation avec le système de pilotage de la machine. Il s'agit d'une installation *plug and produce*. Ce projet est coordonné par le groupe KOMET GmbH (1 600 personnes, 160 M€ de chiffre d'affaires) qui développe et produit des actuateurs et des outils sensoriels. Il réunit 11 partenaires : 7 entreprises du *Mittelstand*[8] – dont KOMET et la société Mapal, spécialiste de la fabrication d'outils de précision –, 1 Institut Fraunhofer et 3 instituts universitaires[9].

Dans le cadre du programme « Autonomik 4.0 » du BMWi, le projet CoCoS, piloté par Bosch, a pour finalité le développement d'une plateforme de communication. L'usine de Bosch à Schwieberdingen doit être mise en relation avec celles de fournisseurs : la Smart Factory du DFKI et des machines de fabrication de composants chez DMG Electronics.

---

8   KOMET GROUP GmbH, Besigheim, MAPAL Fabrik für Präzisionswerkzeuge Dr. Kress KG, Aalen, Blum-Novotest GmbH Grünkraut, Renishaw GmbH, Pliezhausen, Schwäbische Werkzeugmaschinen GmbH, Schramberg, Röhm GmbH Sontheim, Sontheim, Franz Kessler GmbH, Bad Buchau.

9   Universität Stuttgart, Institut für Steuerungstechnik der Werkzeugmaschinen und Fertigungseinrichtungen (ISW), Institut für Werkzeugmaschinen (IfW), TU München, Institut für Werkzeugmaschinen und Betriebswissenschaften (iwb).

Figure 24 – Projet Bazmod : les systèmes KomTronic® / TOOLTRONIC® des sociétés KOMET et Mapal

Source : KOMET®.

Sur l'ensemble du périmètre de ces projets, trois facteurs clés de succès peuvent être identifiés :
■ Ces projets s'inscrivent dans une dimension public/privé et dans une durée de deux à cinq ans.
■ Ils réunissent systématiquement entre 5 et 20 partenaires de toutes tailles, issus de champs disciplinaires différents mais complémentaires : grandes entreprises, petites et moyennes du *Mittelstand*, champions cachés, instituts Fraunhofer, instituts universitaires…
■ La communication faite sur la finalité de ces projets est formalisée et accessible au grand public *via* des brochures publiées par les ministères ou en ligne sur les sites web de chacune des parties prenantes.

La première plateforme Industrie 4.0 : les fédérations professionnelles à la manœuvre

Avec la contrainte imposée de coordination et de mutualisation entre acteurs sollicitant des financements, la création en 2013 de la première plateforme Industrie 4.0 constitue la seconde innovation institutionnelle significative.

Sa création avait été l'une des recommandations phares du groupe de travail Industrie 4.0 dans le rapport remis à Angela Merkel à la foire de Hanovre en 2013. Cette première plateforme participe d'un processus de responsabilisation des trois fédérations professionnelles, Bitkom [10] (TIC),

10 Le Bitkom (Bundesverband Informationswirtschaft, Telekommunikation und neue Medien e.V) est l'équivalent allemand du Syntec.

VDMA[11] (machine-outil) et ZVEI[12] (électronique et électrotechnique), face aux enjeux de l'Industrie 4.0. Cette coopération n'allait pas de soi, avec des fédérations regroupant des entreprises de tailles différentes et avec des intérêts divergents, parfois concurrentes pour l'adhésion de certains membres. De plus, le Bitkom avait été créé en 1999, en intégrant notamment la fédération des techniques de l'information issue du VDMA et celle des techniques de communication, provenant du ZVEI. Certaines rancœurs subsistaient. À ce stade, l'apprentissage d'un langage commun et le niveau de consensus auquel sont parvenues les différentes fédérations professionnelles sont les premières sources de satisfaction.

L'apprentissage d'un langage commun est en effet un enjeu non négligeable pour faire travailler ensemble les mondes de l'IT, de l'automatisation, de l'électronique et de la mécanique. Par exemple, le concept de services n'a pas le même sens dans le domaine des technologies de l'information et de la communication et dans celui de la production. Le glossaire élaboré par le VDI avec l'aide de l'Institut Fraunhofer IOSB définit ainsi un service comme « *un périmètre fonctionnel délimité qui est proposé à travers des interfaces par une entité ou une organisation*[13] ».

5

Industrie 4.0 :
l'apprentissage
de la coopération
institutionnelle

> *« La branche de l'IT et celle de la construction mécanique parlent deux langues différentes. Pour nous, qui venons de l'IT, c'est un vrai défi ! »*
>
> Entretien KCC avec Joachim Hörnle, CEO,
> et Stefan Pannenberg, Solution Architect, Blue Elephant Systems

Cette première plateforme Industrie 4.0 avait été financée et animée par ces trois fédérations professionnelles. Elle était pilotée par un conseil stratégique réunissant en son sein les principales entreprises leader dans l'Industrie 4.0 et assistée par un conseil scientifique. Pendant deux ans, 6 groupes de travail ont avancé sur les thèmes suivants : normes et standards, modèles d'affaires, sécurité, homme et travail, cadre juridique, recherche et innovation.

Les résultats du travail de la première plateforme ont été publiés et communiqués en 2015 lors de la foire de Hanovre[14]. Ils concernent principalement la réalisation d'une feuille de route des recherches à mener d'ici 2030 et un modèle de l'architecture de référence, RAMI 4.0[15], censé être compatible avec toutes les branches industrielles.

---

11 Le VDMA (*Verband Deutscher Maschinen– und Anlagenbau*) est l'équivalent allemand de la FIM.

12 Le ZVEI (Zentralverband Elektrotechnik– und Elektronikindustrie) est l'équivalent allemand de la FIEEC.

13 Fraunhofer IOSB (2015), *Glossar Industrie 4.0 des Fachausschuss VDI/VDE-GMA*, http://www.iosb.fraunhofer.de/servlet/is/48960/?highlight=glossar,industrie,4.0

14 Plattform Industrie 4.0 (2015), *op. cit.*

15 RAMI 4.0 est un modèle d'architecture de référence proposant une grille de lecture commune articulant l'ensemble des composants de l'Industrie 4.0. Elle a vocation à devenir une spécification DIN.

« Nous nous en sommes tenus au principe de base de l'International Electrotechnical Commission (IEC) : la norme doit être la résultante du consensus ; l'architecture de référence a été élaborée dans un processus démocratique ; aucun d'entre nous ne faisait autorité vis-à-vis des autres. »

Entretien KCC avec Bernd Kärcher, directeur du département composants mécatroniques et Industrie 4.0, Festo AG, qui a participé au groupe de travail sur la normalisation

Inspiré du *Smart Grid Modell* (SGAM), ce modèle de référence intitulé RAMI 4.0 se présente comme une grille de lecture articulant trois dimensions (cf. figure 25) :
- la décomposition des différentes couches d'un projet IT : intégration au sein du modèle d'affaires, description fonctionnelle, gestion de l'information, modes de communication et d'intégration et, enfin, liste des objets physiques concernés par le projet ;
- les étapes de la chaîne de valeur et du cycle de vie du produit ;
- la hiérarchie des fonctions et des responsabilités au sein d'une usine : produit, équipement, équipement de contrôle, station, atelier, entreprise, monde connecté.

Ce modèle représente un « *plus grand commun dénominateur* » ayant vocation à positionner normes, standards, *use cases* au sein d'un cadre défini [16].

Figure 25 – Le cube de l'architecture de référence RAMI 4.0

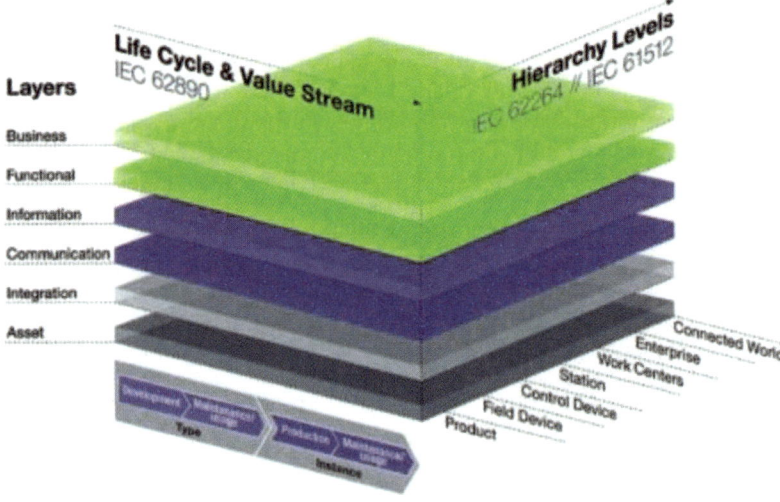

Source : Plattform Industrie 4.0 (2015), *Umsetzungsstrategie Industrie 4.0 : Ergebnisbericht der Plattform Industrie 4.0*, Bitkom/VDMA/ZVEI, p. 43.

---

16   Plattform Industrie 4.0 (2015), *op. cit.*, p. 41.

Ce modèle qui doit être formalisé dans la spécification DIN 913645 présente l'intérêt de faire le lien entre des normes existantes et celles de l'Industrie 4.0.

L'autre résultat des travaux de cette plateforme est une *roadmap* pour la recherche jusqu'en 2015.

Force est de constater que ces résultats restent à un niveau d'abstraction élevé. Certains reprochent à la plateforme Industrie 4.0 de n'avoir produit aucun projet et jugent le modèle d'architecture de référence très théorique. RAMI 4.0 s'inspirerait beaucoup du modèle des *smart grids* et servirait d'abord les intérêts d'utilisateurs issus de la branche de l'électronique. Ces mêmes critiques estiment que la plateforme devrait posséder ses propres bancs d'essai pour avancer plus rapidement.

La période 2013-2015 a en effet été marquée par la coexistence d'une première plateforme Industrie 4.0 et de plusieurs dizaines de projets lancés par les ministères de la Recherche et de l'Économie. Or, le constat est fait que l'ensemble de ces projets ont été pilotés et financés sans lien direct avec les instances de la plateforme. Certes, des acteurs comme les instituts Fraunhofer, certains membres de l'Association des ingénieurs allemands (VDI) ou encore quelques personnalités ont joué un rôle de coordination informelle. Mais la première plateforme s'est heurtée à un manque de vision opérationnelle et à un faible pouvoir d'influence sur les projets subventionnés. À l'évidence, une coordination réelle a fait défaut entre la plateforme et le ministère de la Recherche et de la Formation, ainsi qu'entre ce ministère et celui de l'Économie et de l'Énergie [17].

L'autre critique adressée est le retard pris dans la standardisation qui était pourtant un axe de réflexion prioritaire. Lors de la conférence « Industrie 4.0 » organisée par l'Association des ingénieurs allemands fin janvier 2015, Reinhard Clemens, CEO de T-Systems, a tiré la sonnette d'alarme sur le thème de la standardisation et annoncé que l'Allemagne avait perdu la première mi-temps face aux États-Unis qui affirment leur leadership avec l'Industrial Internet Consortium (IIC) que Siemens vient d'ailleurs de rejoindre [18]. En effet, si les Américains affirment que l'IIC n'est pas une instance de standardisation, dans les faits, elle vise bien la production de standards – à travers l'élaboration d'architectures – « *qui, en cas de succès, pourraient être proposés aux instances internationales des organes de standardisation* [19] ». La méthode américaine privilégie une démarche empirique alimentée par des expérimentations menées sur le terrain et les résultats d'opérations conduites sur des bancs d'essai.

---

17 Les considérations politiques et les échéances électorales de 2017 ne sauraient être sous-estimées : le ministère de l'Économie et de l'Énergie est dirigé par le social-démocrate Sigmar Gabriel (SPD), tandis que le ministère de la Formation et de la Recherche a, à sa tête, Johanna Wanka qui appartient à la CDU (chrétiens-démocrates).

18 L'IIC a pour but d'établir une architecture de référence pour l'internet industriel, autrement dit : « *L'IIC s'est donné pour mission de coordonner un vaste écosystème pour connecter et intégrer des objets avec les hommes, les processus et les données en utilisant des architectures communes de l'interopérabilité et des standards ouverts* ». Des bancs d'essai (*test beds*) sont mis en place pour permettre aux entreprises de tester leurs innovations. Lancée en mars 2014 par les entreprises industrielles AT&T, Cisco, General Electric, IBM et Intel, cette organisation à but non lucratif compte aujourd'hui 161 membres internationaux. Pour en savoir plus : http://www. iiconsortium.org/about-us.htm

19 Le dirigeant de l'IIC a réaffirmé ce point le 19 février 2015 lors de sa rencontre avec le secrétaire d'État Machnig du ministère fédéral de l'Économie. Source : http://www.bmwi.de/DE/Presse/pressemitteilungen,did=691382.html

Dans cette course à la production de standards, l'appréciation des positions respectives des États-Unis et de l'Allemagne a tendance à varier en fonction de nos interlocuteurs. Pour certains, la déclaration de Reinhard Clemens, accusant l'Allemagne d'avoir somnolé durant la première phase de digitalisation, est jugée hors de propos et uniquement source d'agitation. En revanche, ses propos prennent tout leur sens par rapport à des enjeux *business* et politiques d'extension du réseau à haut débit sur le territoire allemand.

Quant à Bosch qui a également rejoint ce consortium, il a annoncé début 2015 sa participation au premier projet de l'IIC sur le sol européen. La première plateforme européenne «Track and Trace testbed» est pilotée par Bosch qui fournit le logiciel « Bosch IoT Suite » pour l'acquisition et le traitement des données. L'entreprise Bosch y teste en collaboration avec Cisco (fourniture des procédures d'identification et de localisation), National Instruments (inter-connexion des outils électriques) et TechMahindra (programmation des applications) de nouveaux outils de production connectés : des visseuses sans fil sont ainsi équipées de capteurs qui permettent non seulement de les localiser, mais également de réaliser des opérations avec un couple de vissage donné, notamment pour des applications dans l'aéronautique. Elles permettent aussi de savoir avec quelle force une vis a été tournée pour garantir une meilleure qualité et une plus grande sécurité.

Les succès de ces initiatives américaines ne sont sans doute pas complètement étrangers à une reprise en main de la plateforme Industrie 4.0 par l'État fédéral.

> *« La plateforme initiale a été créée par 3 fédérations professionnelles. Pour accélérer le processus, il a été décidé que le politique devait assurer une fonction de modération. Le comité de direction de la nouvelle plateforme se réunit plusieurs fois par an. En complément, il y a le comité stratégique et un comité exécutif dirigé par des entreprises (à côté de Siemens et de SAP, on trouve également des PME). En outre, l'essentiel du travail sera réalisé dans les groupes de travail (les enjeux de l'Industrie 4.0 seront illustrés en développant des scénarios de déploiement). »*

Entretien KCC avec Dr. Andreas Goerdeler
et Dr. Alexander Tettenborn, ministère fédéral de l'Économie et de l'Énergie (BMWi)

Politique Industrie 4.0 : l'évolution du positionnement de l'État allemand

La numérisation de l'industrie représente un défi inédit de politique industrielle auquel répond l'initiative Industrie 4.0, qui apparaît avec le recul comme un véritable projet de conduite du changement mené au niveau national.

Ce projet a été très largement impulsé par l'État, au premier chef par le ministère fédéral de la Formation et de la Recherche pour les projets de recherche, avant d'être relayé par le ministère de l'Économie et de l'Énergie.

Figure 26 – Évolution du rôle de l'État fédéral

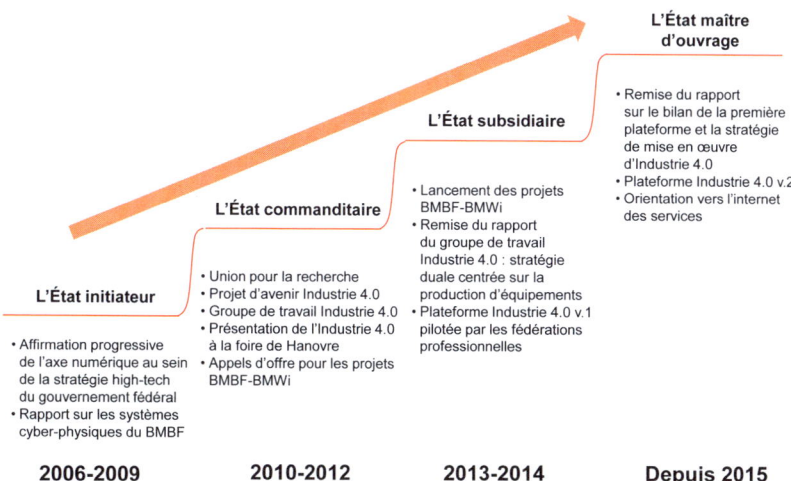

L'État maître d'ouvrage
- Remise du rapport sur le bilan de la première plateforme et la stratégie de mise en œuvre d'Industrie 4.0
- Plateforme Industrie 4.0 v.2
- Orientation vers l'internet des services

L'État subsidiaire
- Lancement des projets BMBF-BMWi
- Remise du rapport du groupe de travail Industrie 4.0 : stratégie duale centrée sur la production d'équipements
- Plateforme Industrie 4.0 v.1 pilotée par les fédérations professionnelles

L'État commanditaire
- Union pour la recherche
- Projet d'avenir Industrie 4.0
- Groupe de travail Industrie 4.0
- Présentation de l'Industrie 4.0 à la foire de Hanovre
- Appels d'offre pour les projets BMBF-BMWi

L'État initiateur
- Affirmation progressive de l'axe numérique au sein de la stratégie high-tech du gouvernement fédéral
- Rapport sur les systèmes cyber-physiques du BMBF

2006-2009   **2010-2012**   **2013-2014**   **Depuis 2015**

Source : © Conception et réalisation KOHLER Consulting & Coaching (2016) – Industrie 4.0.

Après une première phase entre 2011 et 2013, où s'élabore la stratégie Industrie 4.0 et pendant laquelle sont lancés les appels à projets, la période 2013-2015 correspond au lancement opérationnel des projets de recherche. L'année 2015 marque un tournant avec la volonté d'une plus grande coopération entre la plateforme Industrie 4.0 et les ministères de l'Économie et de la Recherche.

L'État est resté fidèle à son principe de subsidiarité pendant les premières années de la plateforme pilotée par les fédérations industrielles, alors qu'il assume pleinement un rôle de maître d'ouvrage dans la nouvelle version de la plateforme Industrie 4.0. Les ministères fédéraux de la Recherche (BMBF) et de l'Économie (BMWi) sont à présent fortement impliqués dans le comité de pilotage et le comité stratégique ; la Chancellerie fédérale (*Bundeskanzleramt*) participe également au comité stratégique.

La deuxième version de la plateforme Industrie 4.0 a été inaugurée le 14 avril 2015, lors de la foire de Hanovre[20]. Le ministre fédéral de l'Économie et de l'Énergie, Sigmar Gabriel (SPD), et la ministre fédérale de la Recherche et de la Formation, Johanna Wanka (CDU), ont exposé les trois principales raisons qui ont conduit à réviser la première plateforme :
- sortir la plateforme d'un discours trop technique, l'ouvrir aux acteurs de la société civile et faire de « l'avenir du travail » un thème majeur ;
- diffuser l'Industrie 4.0 dans le *Mittelstand* ;
- construire un *Industrial Data Space* qui répond aux exigences de cybersécurité.

---

20   Hasard du calendrier, François Hollande a annoncé le même jour, à Figeac, le lancement du projet « Industrie du futur ».

Figure 27 – Organisation de la nouvelle plateforme Industrie 4.0

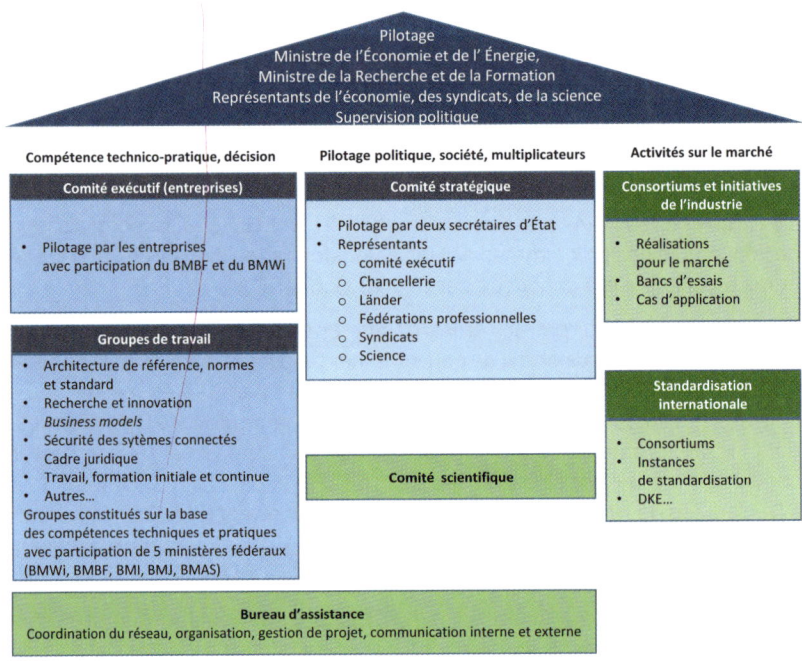

Source : *Nouvelle plateforme Industrie 4.0*, état au 13 mars 2015, traduction KOHLER Consulting & Coaching.

En lien avec la première priorité, la création d'un nouveau groupe de travail sur « l'avenir du travail » est un fait marquant et s'accompagne de la valorisation du rôle de l'IG Metall, syndicat allemand de l'industrie métallurgique, dans cette nouvelle version de la plateforme[21]. C'est initialement le syndicat chapeau DGB (*Deutscher Gewerkschaftsbund*) qui avait été associé à la première plateforme Industrie 4.0, mais l'IG Metall a réussi à s'imposer progressivement comme le partenaire syndical de référence. Sa participation à la réflexion sur l'Industrie 4.0 a été rendue possible grâce à la stratégie pragmatique du syndicat incarnée en la personne du Dr. Constanze Kurz[22] (cf. partie 3).

Le gouvernement s'est engagé dans le contrat de coalition de 2013[23] à faire avancer le projet « Industrie 4.0 » et son pendant, le projet *Smart Services*[24]. Les deux projets se focalisent sur la numérisation de la chaîne de valeur industrielle : le premier concerne la transformation de la production ; le second, le développement des *cloud-based services*.

---

21 L'implication des organisations syndicales, dès le lancement de la démarche Industrie 4.0, au sein de l'Union pour la recherche s'inscrit en cohérence avec la culture allemande du consensus entre les différentes parties prenantes d'un projet.

22 Interview avec Dr. Constanze Kurz, Ressortleiterin « Zukunft der Arbeit », IG Metall, 27 mars 2015.

23 Bundesregierung (2013), *Deutschlands Zukunft gestalten. Koalitionsvertrag*, p. 139, http://www.bundesregierung.de/Content/DE/_Anlagen/2013/2013-12-17-koalitionsvertrag.pdf?__blob=publicationFile&v=2/

24 Acatech (2015), *Smart Service Welt, op. cit.*, p. 58.

Le BMBF et le BMWi sont dorénavant censés coordonner leurs efforts pour intégrer l'initiative *Industrial Data Space* dans le domaine Industrie 4.0, comme l'a annoncé le ministre de l'Économie et de l'Énergie, à la foire de Hanovre. Cette initiative initialement lancée par le BMBF en coopération avec les instituts Fraunhofer et des grandes entreprises, telles que Bosch, Siemens, Deutsche Post, Allianz et Evonik, vise à clarifier des questions de souveraineté digitale et de cybersécurité qui sont consubstantielles au déploiement de l'Industrie 4.0 en Allemagne.

Dès la fin octobre 2014, lors du 8e sommet de l'IT (« IT Gipfel »), la réorganisation de l'ensemble des programmes ciblant la transformation digitale de l'économie et de la société a été annoncée par Sigmar Gabriel[25].

Il s'agissait avant tout de recaler les points forts en cohérence avec ceux du programme de l'agenda digital du gouvernement allemand, de réduire le nombre de plateformes et d'intégrer toutes les catégories pertinentes d'acteurs. La nouvelle structuration des programmes a été présentée autour de 8 plateformes, dont la plateforme Industrie 4.0, et de 2 forums (cf. tableau 8). Ce sommet IT annuel rythme désormais l'avancée des travaux de ces instances. Dans une « Déclaration de Hambourg », les participants au sommet IT de 2014 affirment *« qu'à l'avenir les offreurs et les acheteurs d'IT de l'industrie classique doivent se rencontrer sur un pied d'égalité avec la communauté privée des utilisateurs du réseau lors du sommet IT*[26] *»*.

L'inscription d'Industrie 4.0 dans le territoire allemand

De multiples initiatives Industrie 4.0 émergent dans les Länder, d'ampleurs diverses, traduisant la perception des enjeux en fonction de la structure industrielle de ces États-régions. Quelques Länder se démarquent particulièrement sur cette carte.

Le Bade-Wurtemberg, centre de gravité de l'industrie mécanique allemande, est une région pionnière de l'Industrie 4.0. La carte fait apparaître une forte concentration d'acteurs autour des villes de Karlsruhe et de Stuttgart : instituts Fraunhofer, démonstrateurs… Dans la vallée du Neckar, à Esslingen situé dans la grande périphérie de Stuttgart[27], sont localisées 4 228 entreprises pour 90 000 habitants. L'industrie manufacturière réalise 35 % du PIB.

---

25 Ce sommet annuel est une plateforme d'échanges et de travail en commun entre les acteurs de la politique, de l'économie, de la recherche et de la société civile.

26 BMWi (2014), *8. Nationaler IT-Gipfel: Arbeiten und Leben im digitalen Wandel gemeinsam.innovativ.selbstbestimmt.* Source : http://www.bmwi.de/BMWi/Redaktion/PDF/l/it-gipfel-2014-hamburger-erklaerung,property=pdf ,bereich=bmwi2012,sprache=de,rwb=true.pdf

27 Statistisches Landesamt Baden-Württemberg (2012), « Unternehmensregister », http://www.statistik.baden-wuerttemberg.de/VolkswPreise/Erlaeuterungen.asp.urs.asp Volkswirtschaftliche Gesamtrechnung der Länder (2014) « Bruttowertschöpfung », www.vgrdl.de/VGRdL/tbls/RV2014/R1B1.zip

Tableau 8 – Panorama des plateformes et des forums du sommet IT du gouvernement allemand

Thème	Outil	Enjeux
Infrastructures digitales	**Plateforme «Réseaux digitaux et infrastructures»** BMWi – Deutsche Telekom	• Stratégie 5G • Convergence des réseaux • *Smart Data*
Économie digitale et travail digital	**Plateforme «Digitalisation innovante de l'économie»** BMWi – BITKOM	• Souveraineté digitale dans une économie connectée • Mise en réseau intelligente • *Young IT* et *Mittelstand* • Digitalisation des services
	Plateforme «Industrie 4.0» BMWi – BMBF – économie, syndicats, recherche	• Architecture de référence • Standardisation et normes • Recherche et innovation • Sécurité des systèmes connectés • Cadre juridique • Travail, formation permanente et continue
	Plateforme «Monde du travail digital» BMA – IG Metall	• Emploi et formation permanente • Travail flexible dans le temps et dans l'espace • Standard de protection des salariés dans le monde du travail digital
État innovant	**Plateforme «Administration digitale et IT publique»** BR – Software AG	• Compte utilisateur pour les services administratifs • *Government as a Service* : nouvelles formes de collaboration et de gouvernance • Utilisation et acceptabilité de l'e-gouvernement par les citoyens • Agenda pour la commune digitale • Sécurité complète pour la communication entre gouvernement et citoyens • Permis de conduire digital
Modes de vie digitaux dans la société	**Forum «société digitale»** BMWi – BMI – BMVI	• Valeurs dans la société digitale • Compatibilité entre vie professionnelle et vie famille dans la société digitale
Formation, recherche, science, culture et médias	**Plateforme «Formation, science, culture et médias»** BMBF – Industrie	• Digitalisation dans la formation et la science, les contenus et leur valeur • Formation dans le domaine des TIC • Utilisation de l'open data
Sécurité, protection et confiance pour la société et l'économie	**Plateforme «Sécurité, protection et confiance pour la société et l'économie»** BMI – Giesecke & Devrient	• Mesures pour la prévention des cybercrimes • Identification mobile sécurisée dans l'internet • Cryptage sûr et facile pour tous
	Plateforme «Politique du consommateur dans le monde digital» Bundestag – IBM Deutschland	• Souveraineté du consommateur et transparence • *Privacy by design*, protection des données par la technique
Dimension européenne et internationale de la digitalisation	**Forum «dimension européenne et internationale de la digitalisation»** BMWi	• Promotion des champions digitaux européens • Cadre pour l'économie digitale en Europe • Impulsions sur les thèmes digitaux actuels aux niveaux européen et international

Source : BMWi (2015), *Neuausrichtung des Nationalen IT-Gipfels auf die Digitale Agenda : Arbeitsorganisation der Plattformen und Foren*, état au 15 octobre (https://www.bmwi.de/BMWi/Redaktion/PDF/I/infopapier-neuausrichtung-it-gipfel-digitale-agenda,property=pdf,bereich=bmwi2012,sprache=de,rwb=true.pdf). Traduction KOHLER Consulting & Coaching.

Quelques semaines avant le lancement de la nouvelle plateforme Industrie 4.0 nationale, le Land de Bade-Wurtemberg a annoncé le lancement de sa propre plateforme « Allianz 4.0 ». L'ambition est claire : « *Devenir le premier offreur de solutions et le marché leader* (Leitanbieter *et* Leitmarkt) *des solutions Industrie 4.0*[28]. » Pour atteindre cet objectif, le Land ainsi que l'industrie mettent respectivement 5 M€ à disposition pour réaliser des projets Industrie 4.0. Le ministère de l'Économie et des Finances investira 3,5 M€ additionnels dans « la Fabrique de la recherche » (*Forschungsfabrik*) de l'institut technologique de Karlsruhe et augmentera ses moyens pour la numérisation de l'économie dans le prochain budget[29]. Au total, près de 23 M€ peuvent être mobilisés *via* des financements du Land, des ministères fédéraux, des fonds européens et des participations de l'industrie. Les premiers projets doivent être réalisés dans les deux prochaines années[30].

Cette plateforme régionale n'a pas pour ambition de travailler sur les sujets de la standardisation. L'accent est mis sur la coordination interbranches pour créer des synergies entre machine-outil et IT. L'autre grand enjeu est le transfert des nouveaux savoir-faire en matière d'Industrie 4.0 vers les entreprises du *Mittelstand*. Pour rendre l'Allianz 4.0 plus opérationnelle, le Land de Bade-Wurtemberg a affecté 1,6 M€ au VDMA régional qui assure le secrétariat de l'Allianz 4.0. *Via* le réseau fédéral du VDMA, l'Allianz 4.0 est étroitement liée avec la plateforme nationale Industrie 4.0.

Le comité de pilotage de cette plateforme est composé de 20 membres – des représentants des entreprises, des fédérations, des chercheurs et des syndicats – et il est présidé par Manfred Wittenstein, CEO de Wittenstein AG[31]. À l'été 2015, ce comité a prévu de présenter un projet destiné au transfert de technologie et à la configuration de nouveaux modèles d'affaires liés à l'Industrie 4.0.

Dans le domaine de la cybersécurité, le Bade-Wurtemberg a également mis en place la première offre de *Manufacturing as a Service* basée dans le cloud avec le *Virtual Fort Knox*[32]. Le *Virtual Fort Knox* propose des solutions d'Industrie 4.0 adaptées aux besoins de l'industrie mécanique et sert de forum en mettant en relation les fabricants de machines-outils avec les prestataires de solutions IT. Ce projet a été financé par le ministère régional de l'Économie et des Finances du Land avant de devenir, en 2013, une structure commerciale dirigée conjointement par un Institut Fraunhofer et l'entreprise Hewlett-Packard.

---

28 Allianz Industrie 4.0 Baden-Württemberg (2015), « Allianzvereinbarung », mars, http://mfw.baden-wuerttemberg.de /fileadmin/redaktion/m-mfw/intern/Dateien/Downloads/Industrie_und_Innovation/Vereinbarung_der_Allianz_ Industrie_4.0_BW.pdf

29 Nils Schmid (2014), *Industrie 4.0. Baden-Württemberg zum Leitmarkt machen*, septembre, http://www.nils-schmid. de/index.php?nr=83039&menu=1

30 Baden-Württemberg, *Land will Vorreiter für Industrie 4.0 werden*, http://www.baden-wuerttemberg.de/de/service/ presse/pressemitteilung/pid/land-will-vorreiter-fuer-industrie-40-werden

31 Manfred Wittenstein, fils du fondateur, a laissé la direction opérationnelle de l'entreprise à Dieter Spath, ex-directeur du Fraunhofer IAO à Stuttgart. Wittenstein est une entreprise leader dans le domaine de la construction mécanique et des systèmes d'entraînement.

32 Virtual Fort Knox (2014), *Vorteile*, https://www.virtualfortknox.de/vorteile.html

Le Land met également à disposition un catalogue en ligne qui référence les entreprises régionales et leurs compétences en matière d'Industrie 4.0 (*Kompetenzatlas Industrie 4.0*)[33].

De son côté, la Rhénanie-du-Nord-Westphalie (NRW) a lancé le 19 juin 2015 sa stratégie digitale. Le slogan du Land est : « *Au top avec le digital !* ». Le gouvernement du Land et la NRW. Bank, la banque publique d'investissement du Land, ont doté cette initiative de 42 M€ d'ici 2020[34]. La stratégie a été développée en grande partie par le responsable de l'économie digitale du Land, le professeur Tobias Kollmann. Face au danger de captation de la création de valeur par les géants de l'internet, il déclare : « *Peut-être ne parviendrons-nous pas en Allemagne à construire un nouveau Google ou un nouveau Facebook, mais nos leaders mondiaux dans le domaine du numérique pourraient venir de l'industrie traditionnelle, c'est-à-dire de l'économie réelle, s'ils réussissent leur transformation numérique*[35]. »

En termes de mesures concrètes, il est prévu d'instaurer 5 centres régionaux pour l'économie digitale[36], les « DWNRW-Hubs » (*Digitale Wirtschaft Nordrhein-Westfalen*). Il y aura également une conférence annuelle (« DWNRW-Summit ») pour mettre en contact les acteurs de l'économie digitale en NRW. Afin d'inciter les start-up à participer à des foires industrielles, un programme d'accompagnement (« DWNRW-FirstFair ») a aussi été lancé.

Pour remédier aux problèmes de financement et à la dépendance des entreprises du *Mittelstand* vis-à-vis des banques, la NRW. Bank propose deux nouveaux dispositifs : le « DWNRW-SeedCap », qui est un fonds d'amorçage destiné à la création d'entreprises digitales ; et le « DWNRW-Fonds2Fonds », qui est un programme de co-investissement de la NRW. Bank dans des fonds en capital-risque. L'objectif est de déployer des synergies entre des entreprises du *Mittelstand* et des start-up.

Plus surprenant, la Rhénanie-du-Nord-Westphalie mène également des partenariats avec l'un des *Big Four* dans le monde digital : Google. L'objectif de l'initiative *Weltweit Wachsen* est de proposer un accompagnement à l'export, plus précisément d'aider les entreprises à s'ouvrir vers de nouveaux marchés en s'appuyant sur l'export en ligne. Pour cela, en s'associant à Google et d'autres partenaires comme Paypal ou DHL, le ministère de l'Économie du Land a mis en place des centres de formation dans trois villes : Cologne, Dortmund et Münster[37].

---

33   Ministerium für Finanzen und Wirtschaft Baden-Württemberg, *Kompetenzatlas Industrie 4.0 in Baden-Württemberg*, http://mfw.baden-wuerttemberg.de/en/people-and-economy/industry-and-innovation/key-technologies/industrie-40/kompetenzatlas-industrie-40

34   DWNRW, *Strategie für Digitale Wirtschaft vorgestellt*, http://www.digitalewirtschaft.nrw.de/ 2015/06/19/strategie-fuer-die-digitale-wirtschaft-nrw-vorgestellt

35   Interview avec Prof. Dr. Tobias Kollmann, Beauftragter für Digitale Wirtschaft NRW, Ministerium für Wirtschaft, Energie, Industrie, Mittelstand und Handwerk des Landes Nordrhein-Westfalen, 27 mars 2015.

36   Si l'accent est mis sur l'économie digitale et non sur l'Industrie 4.0 en Rhénanie-du-Nord-Westphalie, c'est parce que le Land considère que « l'Industrie 4.0 » consiste avant tout dans une stratégie d'optimisation de la production et n'est qu'une partie d'une stratégie digitale dotée d'un scope d'intervention beaucoup plus large.

37   DWNRW, *Strategie für Digitale Wirtschaft vorgestellt*, http://www.digitalewirtschaft.nrw.de/2015/ 06/10/minister-duin-uebernimmt-schirmherrschaft-ueber-google-initiative-in-nrw

Dans la partie orientale de la Rhénanie-du-Nord-Westphalie, se trouve le cluster d'excellence It's OWL constitué d'un Institut supérieur d'enseignement technique, d'un Centre de recherche sur l'industrie (CIIT) et d'un démonstrateur majeur dans le dispositif Industrie 4.0 à l'échelle fédérale.

De son côté, la Bavière a lancé une « offensive pour la digitalisation » du nom de *Bayern Digital*, mobilisant d'ici 2020 un demi-milliard d'euros. Ce programme met l'accent sur les instituts d'enseignement supérieur, les universités, les institutions de recherche et les entreprises. 300 M€ sont prévus pour des investissements dans le Centre pour la digitalisation de la Bavière (*Zentrum Digitalisierung Bayern* – ZD. B), dans les plateformes et l'accompagnement à la création d'entreprise. L'Institut Fraunhofer de Garching pour la sécurité appliquée (AISEC) doit devenir un centre de compétences dans le domaine de la cybersécurité et favoriser les transferts vers les PME. Au final, 200 M€ supplémentaires seront investis sur le territoire et dans les entreprises (nouveau centre pour la création digitale et « bonus digital ») [38].

La Rhénanie-Palatinat bénéficie pour sa part de la présence, à Kaiserslautern, du DFKI et de son démonstrateur Smart Factory[KL]. En dehors de ce démonstrateur, l'institution qui se rapproche le plus des thèmes de l'Industrie 4.0 est l'Initiative d'avenir pour la Rhénanie-Palatinat (*Zukunftsinitiative Rheinland-Pfalz* – ZiRP) [39]. Il s'agit d'un partenariat public-privé entre le gouvernement du Land et près de 90 membres de l'économie, de la politique de la science et de la culture. Pour l'instant, cette institution se concentre sur des manifestations destinées à éveiller l'intérêt sur la problématique de la digitalisation.

En 2014, le ministère de l'Économie du Land de Basse-Saxe a lancé un groupe de projets *Aktive Industriepolitik für Niedersachsen* (Une politique industrielle active en Basse-Saxe) qui met l'accent sur le thème de l'Industrie 4.0 avec un appel à projet en cours : *Industrie 4.0 : Vernetzung und Sicherheit* (Industrie 4.0 : mise en réseau et sécurité) [40].

Enfin, la Sarre a lancé en juin 2013 une initiative pour l'Industrie 4.0. Elle est principalement animée par une association pour la promotion du territoire, la Saar. is (Sarre, innovation et territoire) qui anime un « Dialogue Industrie 4.0 » avec des exposés, des discussions et la présentation de cas concrets. 2015 a été consacrée « année de l'industrie » en Sarre et une liste de projets avec leurs modalités de déploiement a été arrêtée fin 2015. Selon le ministre de l'Économie du Land, il n'y a jamais eu de concept aussi détaillé pour la politique industrielle du Land [41].

---

38 STMWI, *Bayern Digital*, http://www.stmwi.bayern.de/digitalisierung-medien/bayern-digital

39 ZIRP, *Wirtschaftspolitische Strategien und Initiativen*, http://www.zirp.de/projekte/wirtschaft.html

40 NMWAV, *Wirtschaftsministerium will mit neuer Geschäftsstelle "Netzwerk Industrie 4.0" Unternehmen unterstützen*, http://www.mw.niedersachsen.de/portal/live.php?navigation_id=5459&article_id=131773&_psmand=18

41 Saarland, *Leitbildprozess für eine offensive Industriepolitik ist voll im Gang*, http://www.saarland.de/SID-54C6EF0B-AA7D090B/industrieland.htm

Dans les Länder de l'Est la situation est encore plus contrastée. Le principal Land industriel, la Saxe, n'a pas de stratégie Industrie 4.0 identifiée à ce stade. Le Land cherche néanmoins à se positionner dans le domaine des technologies clés. Le précédent ministre de l'Économie de Saxe a récupéré 200 M€ du Land et du Bund au titre de co-financement et en complément d'aides européennes pour une initiative dans le domaine des semi-conducteurs, appelée ECSEL. L'Institut Fraunhofer IWU de Chemnitz travaille sur un modèle d'usine du futur hyper automatisée et connectée : *E³-Forschungsfabrik Ressourceneffiziente Produktion*[42].

En Thuringe, le ministre de l'Économie du Land, Wolfgang Tiefensee, a annoncé en mars 2015 au parlement régional prévoir la construction d'un centre de compétence Industrie 4.0 comme « *guichet d'orientation* » pour le *Mittelstand*. Parallèlement, « *des synergies doivent être construites avec les chambres de commerce et d'industrie et les chambres des ingénieurs*[43] ».

Enfin, la ville-État de Berlin est en passe de devenir la métropole allemande du numérique et renaît de ses cendres en tant que capitale économique. Elle renoue ici avec l'un des facteurs clés de son essor industriel[44] : la capacité à être le creuset de l'innovation en attirant les « filiales start-up » des entreprises industrielles ou en servant d'incubateur à de nouvelles entreprises innovantes. Cela est facilité par un environnement urbain caractérisé par des loyers (bureaux et logements) peu élevés par rapport aux autres métropoles internationales et une très forte densité d'espaces « numériques » de *coworking* justement créés pour favoriser l'implantation de start-up et l'*open innovation*, à l'instar des espaces suivants : betahaus, Cluboffice, Ahoy ! Berlin, House of Clouds, co. up, raumstation…

L'Institut Fraunhofer IPK de Berlin a été chargé de réaliser une étude sur les potentiels offerts par ce marché avec l'objectif de souligner l'attractivité de Berlin pour l'industrie manufacturière, l'électronique et les TIC[45]. Profitant de la faiblesse relative des coûts du foncier, de salaires inférieurs à ceux des Länder de l'Ouest et de son pouvoir d'attraction auprès de populations jeunes, la ville de Berlin s'affirme aujourd'hui comme un pôle européen de premier plan pour attirer les start-up du numérique[46].

Sans réelle surprise, les contours de la carte de l'Industrie 4.0 sur le territoire allemand reprennent ceux de la densité de l'emploi industriel ou de la répartition du PIB industriel (cf. figure 28).

42 Computer Oiger, *Sachsen will EU-Geld für Chipbranche und Industrie 4.0*, http://computer-oiger.de/2015/02/25/sachsen-will-eu-geld-fuer-chipbranche-und-industrie-4-0/57054

43 Land Thüringen, *Land unterstützt Einrichtung eines "Kompetenzzentrums Industrie 4.0"*, http://www.thueringen.de/th6/tmwwdg/service/pressemitteilungen/83637/index.aspx

44 Dorothée Kohler (1995), « Berlin, capitale industrielle », *in* Damette Félix *et al.*, *Berlin-Paris*, ministère de l'Équipement et des Transports, p. 59-86.

45 Berlin/Fraunhofer IPK, *Potenzialanalyse Industrie 4.0 – Berlin*, www.berlin.de/industriestadt/ industrie-4-0/potenzialanalyse-i4-0-vortragipk.pdf

46 Senatsverwaltung für Wirtschaft, Technologie und Forschung (2013), *Innovations– und Kreativlabs in Berlin – eine Bestandsaufnahme*, 116 p.

Figure 28 – L'inscription de l'Industrie 4.0 sur le territoire allemand

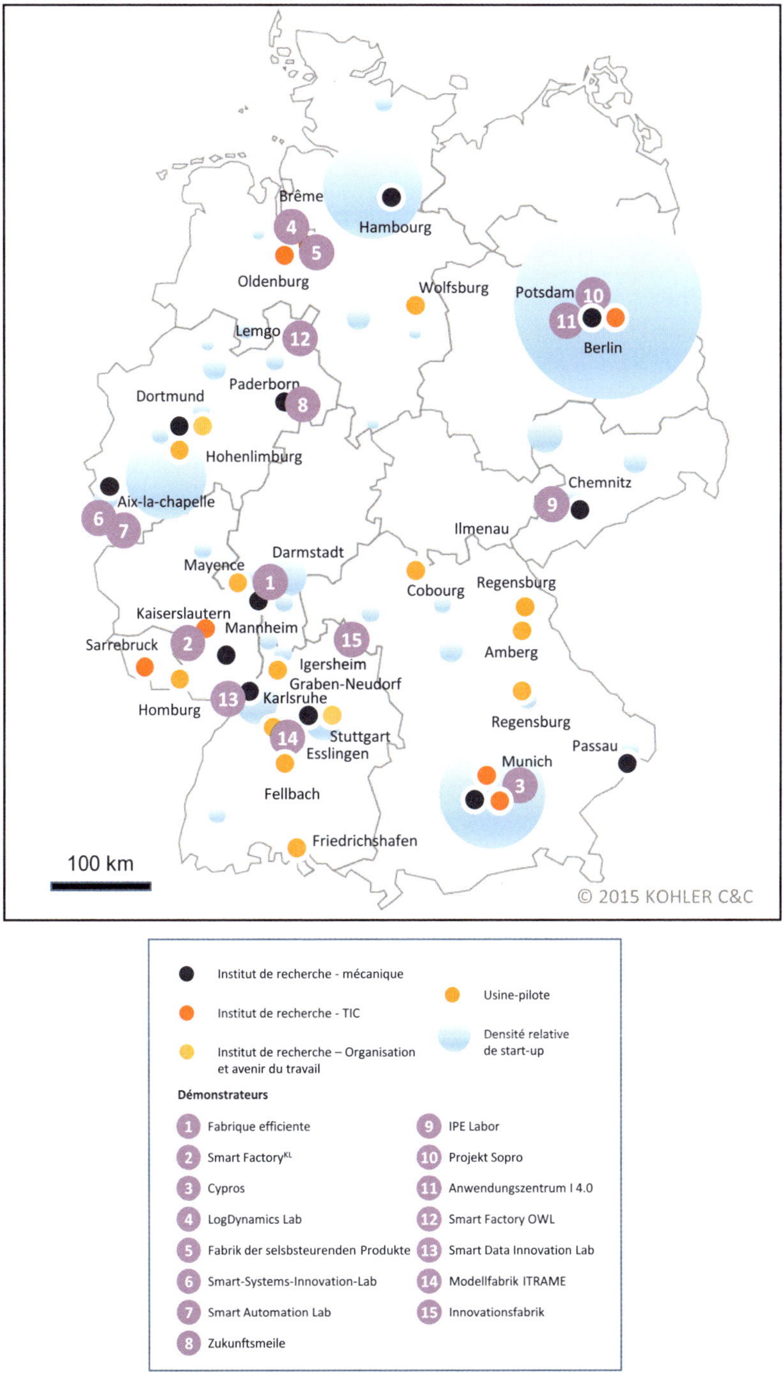

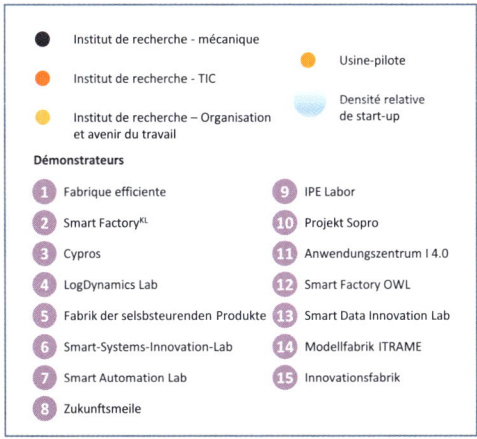

Source : © Conception et réalisation KOHLER Consulting & Coaching (2016) – *Industrie 4.0.*
Carte réalisée à partir de la liste établie par le Prof. Dr. Reiner Anderl.
Reiner Anderl (2015), « Übersicht Modellfabriken in Deutschland », présentation 10 février 2015.

De nouveaux défis pour la politique industrielle

Au-delà des objectifs et des leviers traditionnels de la politique d'innovation et d'aménagement du territoire, l'Industrie 4.0 nous amène à questionner quelques fondamentaux du modèle allemand.

Le premier concerne le cadre général de ce que les Allemands appellent la politique du cadre économique (*Ordnungspolitik*). Elle comprend le cadre réglementaire, comme la politique de concurrence mais aussi toutes les mesures destinées à accompagner l'évolution de l'économie.

L'existence en Allemagne d'un dense tissu d'entreprises de taille moyenne est largement reconnue comme une force de son modèle économique. C'est dans leurs rangs que se recrutent les champions cachés. Une politique du cadre économique doit nécessairement se poser la question de la pérennité de ce *Mittelstand* allemand.

Il s'agit à la fois de favoriser la prise de conscience du caractère disruptif de la révolution digitale dans l'industrie, mais aussi de maintenir un équilibre des pouvoirs entre petites, moyennes et grandes entreprises.

La révolution numérique rebat les cartes à grande vitesse et de nouvelles puissances économiques apparaissent. Sur le terrain, les *Mittelständler* n'ont pas moins peur du pouvoir des *big players* qui se sont unis pour leur offrir des solutions complètes que de l'agressivité de Google. Ils sont bien conscients du risque de dépendance lié à ces solutions. Devront-ils par exemple, comme c'est le cas aujourd'hui pour leurs logiciels, leurs bases de données et leurs ERP, s'acquitter tous les ans, du paiement de coûteuses licences pour continuer à bénéficier des mises à jour et de la maintenance de leurs systèmes Industrie 4.0 ? Ne risquent-ils pas de se voir imposer des règles du jeu qui les déposséderaient progressivement de leurs données au profit d'autres acteurs ?

Les alliances en cours donnent une puissance de frappe très importante à des acteurs allemands qui jouent sur une scène mondiale. Mais ces grands groupes en cours de constitution sauront-ils garder le lien avec les intérêts et le territoire allemand ? Ne risque-t-on pas de se retrouver avec une structure d'entreprise écartelée entre, d'un côté, de petites et moyennes entreprises, et, de l'autre, de grands acteurs mondialisés venant faire leur marché parmi les start-up les plus prometteuses ?

> *« Il faut se prémunir contre le risque de tomber dans de nouvelles dépendances. »*
>
> Entretien KCC avec un industriel B to B du *Mittelstand*,
> région de Stuttgart

La numérisation remet sur le devant de la scène les questions du pouvoir économique et du cadre de la concurrence si chère aux économistes ordolibéraux. Dans les années 1930, ils avaient stigmatisé le désordre politique et économique lié au pouvoir des cartels. Dans le monde numérisé, la vitesse d'exécution est cruciale. La régulation saura-t-elle suivre le rythme des acteurs du numérique et éviter que ne se constituent des positions dominantes ?

Face à ces menaces, une planche de salut : la coopération entre les acteurs. Alors que la décennie précédente avait été animée par un débat sur la compétitivité coût et la compétitivité hors coût, l'Allemagne met désormais en avant un autre type de compétitivité que l'on pourrait qualifier de « compétitivité relationnelle ». Cette forme de compétitivité reposant sur la capacité des acteurs de l'économie, de la recherche et de la politique à travailler efficacement ensemble n'est pas nouvelle. Mais elle connaît un nouvel essor.

Elle conduit à mettre en avant les facteurs culturels, socio-économiques, politiques qui favorisent les coopérations entre acteurs. Et en attendant les premiers résultats des projets de recherche Industrie 4.0, force est de constater que l'un des principaux effets est la constitution de ces grappes d'alliances entre les parties prenantes.

La cartographie des acteurs de l'Industrie 4.0 en Allemagne souligne à nouveau la grande diversité de ces parties prenantes. La figure 29 a été élaborée en distinguant les acteurs en fonction de leur niveau de positionnement dans le déploiement de l'Industrie 4.0 : acteurs impliqués dans la définition de la stratégie globale, acteurs participant à des projets de recherche et acteurs mettant en œuvre l'Industrie 4.0. En ordonnée figure la densité d'interaction entre les acteurs.

Au niveau stratégique, et en lien avec les première et deuxième versions de la plateforme Industrie 4.0, sont positionnées les fédérations professionnelles ZVEI, VDMA et Bitkom qui ont piloté la plateforme avant qu'elle ne soit ouverte à un cercle d'acteurs plus large. Il est nécessaire de souligner l'implication des institutions de recherche, notamment des instituts Fraunhofer, dans la définition de la stratégie Industrie 4.0 ainsi que dans le développement des projets concrets. Les démonstrateurs comme It's OWL ou Smart Factory[KL] fédèrent des entreprises, souvent concurrentes, dans la recherche préconcurrentielle, mais il existe aussi des entreprises qui développent leur solution Industrie 4.0 en autonomie.

Cette cartographie montre qu'au-delà de l'objectif consistant à maintenir un leadership technologique, la politique Industrie 4.0 est destinée à favoriser la coopération entre des acteurs de l'économie et de la recherche, mais également entre entreprises – qu'elles appartiennent ou non à la même branche. Cette coopération entre les mondes de la mécanique, de l'électrotechnique et de l'IT est devenue une priorité pour maintenir le leadership industriel allemand.

Figure 29 – Cartographie des acteurs de l'Industrie 4.0

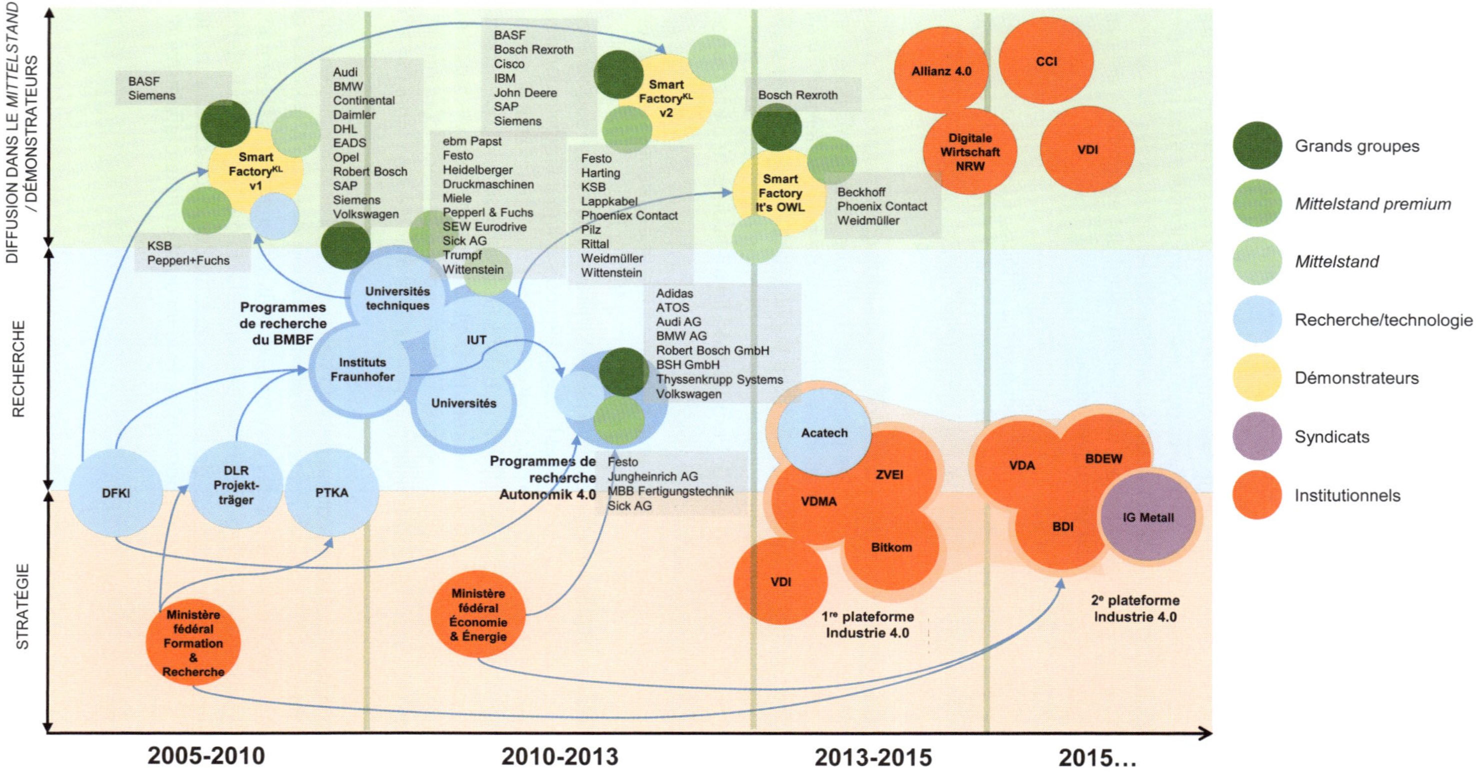

Légende:
- Grands groupes
- *Mittelstand premium*
- *Mittelstand*
- Recherche/technologie
- Démonstrateurs
- Syndicats
- Institutionnels

Axe horizontal (périodes): 2005-2010 | 2010-2013 | 2013-2015 | 2015…

Axe vertical (catégories):
- DIFFUSION DANS LE *MITTELSTAND* / DÉMONSTRATEURS
- RECHERCHE
- STRATÉGIE

Éléments de la carte:

- BASF, Siemens
- KSB, Peppert+Fuchs
- Smart Factory^KL v1
- Audi, BMW, Continental, Daimler, DHL, EADS, Opel, Robert Bosch, SAP, Siemens, Volkswagen
- ebm Papst, Festo, Heidelberger Druckmaschinen, Miele, Peppert & Fuchs, SEW Eurodrive, Trumpf, Wittenstein
- BASF, Bosch Rexroth, Cisco, IBM, John Deere, SAP, Siemens
- Smart Factory^KL v2
- Festo, Harting, KSB, Lappkabel, Phoenix Contact, Pilz, Rittal, Weidmüller, Wittenstein
- Bosch Rexroth
- Smart Factory It's OWL
- Beckhoff, Phoenix Contact, Weidmüller
- CCI, VDI, Allianz 4.0, Digitale Wirtschaft NRW

- Programmes de recherche du BMBF
- Universités techniques
- Instituts Fraunhofer
- IUT
- Universités
- Adidas, ATOS, Audi AG, BMW AG, Robert Bosch GmbH, BSH GmbH, Thyssenkrupp Systems, Volkswagen
- Programmes de recherche Autonomik 4.0
- Festo, Jungheinrich AG, MBB Fertigungstechnik, Sick AG
- DFKI
- DLR Projektträger
- PTKA
- Acatech
- ZVEI, VDMA, Bitkom, VDI
- VDA, BDEW, BDI, IG Metall

- Ministère fédéral Formation & Recherche
- Ministère fédéral Économie & Énergie
- 1re plateforme Industrie 4.0
- 2e plateforme Industrie 4.0

6

**Les multiplicateurs
de solutions
Industrie 4.0**

L'objectif de conversion du *Mittelstand* à l'Industrie 4.0 apparaît comme un défi majeur. Pour cela, deux leviers sont essentiels : la preuve par l'exemple, à l'aide de démonstrateurs, et les effets de réseau et d'entraînement entre entreprises du *Mittelstand*. Car il ne s'agit plus seulement de décrypter l'avenir technologique, de financer des programmes d'innovation, d'adapter les cursus de formation professionnelle… L'Industrie 4.0 demande d'initier autant de processus de conduite du changement et de projets de transformation qu'il y a d'entreprises.

Mais comment procéder ?

Comme l'ont fait remarquer de nombreux interlocuteurs, la diffusion de l'Industrie 4.0 est un travail de terrain. Il faut prendre son bâton de pèlerin (*Wanderprediger*) pour aller convaincre les *Mittelständler* de l'urgence de se plonger dans le bain de cette Industrie 4.0 et d'en affronter les défis. En appui à ce travail de diffusion, plusieurs multiplicateurs (*Multiplikatoren*) ont été mis en place avec le double objectif de sensibiliser et de démontrer de manière pratique les potentiels de l'Industrie 4.0, tout en incitant également les dirigeants du *Mittelstand* à s'interroger sur leurs modèles d'affaires.

Le rôle des fédérations professionnelles et des chambres de commerce et d'industrie (CCI – IHK)

Avec leur réseau dense de 82 agences sur le territoire allemand et une confédé-ration au niveau fédéral, les chambres de commerce et d'industrie (*Industrie– und Handelskammern* – IHK) sont très proches des chefs d'entreprise[1]. C'est à elles que revient la tâche d'informer les entreprises du *Mittelstand* sur des enjeux d'actualité, comme l'Industrie 4.0.

> « *Le* Mittelstand *est une sorte de boîte noire que l'on ne peut atteindre qu'à l'aide de multiplicateurs comme les chambres de commerce et d'industrie (par exemple, l'initiative Digital Cologne ou les conseillers en médias sociaux des chambres d'artisanat de cette région).* »
>
> Entretien KCC avec Prof. Dr. Tobias Kollmann,
> délégué pour l'économie numérique du Land de Rhénanie-du-Nord-Westphalie

Les CCI sont indépendantes et adaptent leur offre à l'économie locale. Pour assurer une bonne couverture des thèmes stratégiques, une CCI prend en charge le pilotage sur un des sujets. À titre d'exemple, dans le Land de Rhénanie-du-Nord-Westphalie, c'est la CCI d'Aix-la-Chapelle qui est en charge du déploiement de l'Industrie 4.0. Ce choix n'est pas un hasard compte tenu de l'implication de l'université technique de cette ville dans l'industrie avec le centre RWTH.

---

1 L'adhésion est obligatoire pour chaque entreprise, alors que les cotisations varient en fonction de leur taille.

L'accompagnement proposé par les CCI consiste principalement en deux mesures [2].

Tout d'abord, les CCI sont des relais de communication et font de la pédagogie sur l'Industrie 4.0 en organisant des conférences pour informer les entreprises sur l'impact des nouvelles technologies. Les manifestations se multiplient sur le territoire et la confédération des CCI a retenu, pour 2015, « L'économie digitale » comme thème de sa conférence annuelle. Ces événements permettent aussi aux entreprises d'entrer en contact avec les chercheurs, notamment ceux des instituts Fraunhofer auxquels les chefs d'entreprise n'osent pas toujours s'adresser directement. Ces séminaires et conférences sont d'ailleurs organisés dans des laboratoires universitaires.

Ensuite, les chefs d'entreprise peuvent également s'adresser aux CCI pour solliciter leur aide concernant la résolution d'un problème concret et bénéficier d'un accompagnement individuel. Les CCI procèdent au recoupement entre les besoins de l'entreprise, ceux des experts et ceux des prestataires de services : par exemple, une entreprise qui rencontre des difficultés avec l'intégration d'un ERP dans son système d'information peut se faire recommander un prestataire de services IT. La CCI peut aussi mettre le chef d'entreprise en contact avec une université qui pourra alors l'assister dans la définition de son cahier des charges pour un projet de recherche ou encore l'aider dans sa demande de financements.

Premier point de contact local avec les entreprises, les CCI les font bénéficier de leur réseau, avec l'objectif d'accomplir leur mission de transfert de technologie. Cet enjeu est d'autant plus important qu'une CCI dans une petite région comme celle d'Aix-la-Chapelle est en contact avec 68 000 entreprises !

> *« Il est toujours difficile de développer une bonne compréhension du besoin des entreprises et de qualifier leurs besoins concrets. »*
>
> Entretien KCC avec le directeur d'une chambre de commerce et d'industrie (IHK)

Les chambres de commerce et d'industrie ne sont pas les seules à faire ce travail de sensibilisation.

La fédération de l'industrie mécanique (VDMA) a mis en place un « Forum Industrie 4.0 » destiné à sensibiliser les entreprises du *Mittelstand* aux nouveaux environnements de production Industrie 4.0. Ce forum organise des « Lab Tours ». L'idée est d'initier les adhérents du VDMA aux projets Industrie 4.0 menés par les universités et instituts de recherche phares dans le domaine. Il s'agit d'excursions d'une demi-journée dédiées à la visite de laboratoires pour de petits groupes. Ces visites sont commentées par des chercheurs. C'est aussi la possibilité d'échanges informels entre chefs d'entreprise qui rend le dispositif attractif. Les tours suscitent beaucoup d'intérêt parmi les entreprises du *Mittelstand*, alors que les plus petites entreprises restent plus difficiles à mobiliser, selon Judith Binzer du VDMA [3]. Cette initiative du

---

2   Interview avec Jörg Rodehutskors, Technologietransfer, IHK Ostwestfalen, Bielefeld.
3   Interview avec Judith Binzer, Referentin im Forum Industrie 4.0 – Forschung & Innovation, VDMA, 15 avril 2015.

VDMA a été mise en place avec plusieurs partenaires dans le monde de la recherche : l'université technique (TU) de Darmstadt avec son projet « l'usine efficiente 4.0 »[4], l'université technique d'Aix-la-Chapelle (RWTH Aachen) avec son démonstrateur « *Demonstrationsfabrik Aachen* (DFA) »[5], l'Institut pour la production intégrée de Hanovre (Institut für Integrierte Produktion – IPH)[6], ainsi que l'Institut de Brême pour la production et la logistique (Bremer Institut für Produktion und Logistik – BIBA) avec son usine de produits auto-régulés (*Fabrik der selbststeuernden Produkte*)[7].

Les instituts Fraunhofer : un levier majeur dans la diffusion de l'Industrie 4.0

Autre acteur incontournable dans le déploiement de l'Industrie 4.0, la société Fraunhofer et plusieurs de ses instituts sont présents dès ses débuts au sein de l'Union pour la recherche (*Forschungsunion*) ; elle garde toute son influence dans la nouvelle plateforme. Cette société est composée de plus de 60 instituts de recherche dont les plus impliqués dans l'Industrie 4.0 sont les suivants :

- IPA Stuttgart (automatisation et technique de production) ;
- IOSB Karlsruhe (reconnaissance d'image et automatisation) avec ses dépendances à Lemgo et à Ilmenau ;
- IPT Aachen (techniques de production) ;
- IWU Chemnitz (machines-outils et techniques de formage) ;
- réseau IUK (IT).

Les instituts Fraunhofer réalisent de la recherche appliquée pour le compte de l'industrie et des organismes publics. 30 % du financement provient de l'État (majoritairement de l'État fédéral) et les 70 % restants sont issus de recherches réalisées pour des clients dont au moins 25-30 % dans l'industrie. Le montant total du financement de la société Fraunhofer s'élevait, en 2014, à 2,06 Md€[8].

> *« Nous sommes des prêcheurs itinérants de l'Industrie 4.0. Lorsque nous donnons une conférence au sein des chambres de commerce et d'industrie (les CCI diffusent l'Industrie 4.0 auprès des PME et des ETI de leurs districts), il y a toujours des entreprises qui nous contactent pour en apprendre plus sur les technologies liées à l'Industrie 4.0 et sur les bénéfices qu'elles pourraient en tirer. Pour les entreprises, la connexion à un réseau pour initier le développement d'un savoir-faire dans ce domaine est aussi*

---

4 TU Darmstadt, « Effiziente Fabrik 4.0 », http://industrie40.vdma.org/article/-/articleview/7092119. L'objectif de ce projet est d'optimiser le processus de production et réduit au maximum la consommation des ressources.
5 RWTH Aachen, *Demonstrationsfabrik zeigt Industrie 4.0*, http://industrie40.vdma.org/article/-/articleview/6652498. L'usine héberge une ligne de production de petites séries avec un système de monitoring Industrie 4.0.
6 IPH Hannover, *Vielfältige Anwendungsmöglichkeiten für Industrie 4.0*, http://industrie40.vdma.org/article/-/articleview/7956207. Sept démonstrateurs font partie de cet Institut.
7 BIBA Bremen, *Fabrik der selbststeuernden Produkte*, http://industrie40.vdma.org/article/-/articleview/7091779. L'usine dispose de capteurs qui permettent de piloter le processus logistique de manière autonome.
8 Fraunhofer Gesellschaft, *Finanzen. Ergebnis 2014*, http://www.fraunhofer.de/de/ueber-fraunhofer/zahlen-und-fakten/finanzen/finanzvolumen.html

*intéressante. Parmi les clients du Fraunhofer, environ 70 %
s'intéressent à l'Industrie 4.0[9]. »*

Entretien KCC avec Dr. Olaf Sauer et Dr. Thomas Usländer,
Institut Fraunhofer IOSB

En plus de leur participation aux projets de recherche de l'Industrie 4.0, les instituts Fraunhofer sont très impliqués dans les conférences, les forums, les débats sur l'Industrie 4.0.

En partenariat avec ATOS, le Fraunhofer IOSB de Karlsruhe a lancé l'initiative *Fit for Industrie 4.0* destinée aux entreprises désireuses de mieux connaître les opportunités que représente ce marché pour elles. Il s'agit de missions de diagnostic représentant un coût de 10 000 à 20 000 €[10] pour l'entreprise qui sont un produit d'appel pour des prestations de conseil plus ciblées.

Parallèlement aux instituts Fraunhofer, d'autres organismes jouent un rôle significatif dans la diffusion de l'Industrie 4.0 comme, par exemple, les fondations Steinbeis. Elles organisent des sessions d'information et interviennent également dans le domaine du transfert technologique, notamment avec le Centre de transfert sur les techniques des systèmes d'Esslingen (Steinbeis-Transferzentrum Systemtechnik – Steinbeis TZS).

Expérimenter ensemble : des démonstrateurs pour évangéliser et mutualiser

Pour vaincre les réticences des dirigeants du *Mittelstand* face à la transformation digitale, une première piste est de réaliser un travail de persuasion. Il passe par des forums, des conférences où chambres de commerce et organismes de recherche, comme les instituts Fraunhofer, sont fortement impliqués.

Mais un levier encore plus puissant consiste à réaliser des démonstrateurs intégrant les fonctionnalités de l'Industrie 4.0. Ces démonstrateurs réunissent plusieurs entreprises et des institutions de recherche. Ils permettent de démontrer aux dirigeants du *Mittelstand* que l'Industrie 4.0 est à portée de main.

La particularité de ces démonstrateurs vient de ce que les composants qu'ils utilisent sont principalement des composants standards, disponibles sur le marché.

---

9 Interview avec Thomas Wendland, Referatsleiter Technologie und Innovation, IHK Aachen, Aachen, 9 juillet 2015.
10 Fraunhofer IOSB (2015), *Industrie 4.0 Fraunhofer IOSB und ATOS kooperieren*, http://www.iosb.fraunhofer.de/servlet/is/56872

Figure 30 – La Smart Factory^KL de Kaiserslautern

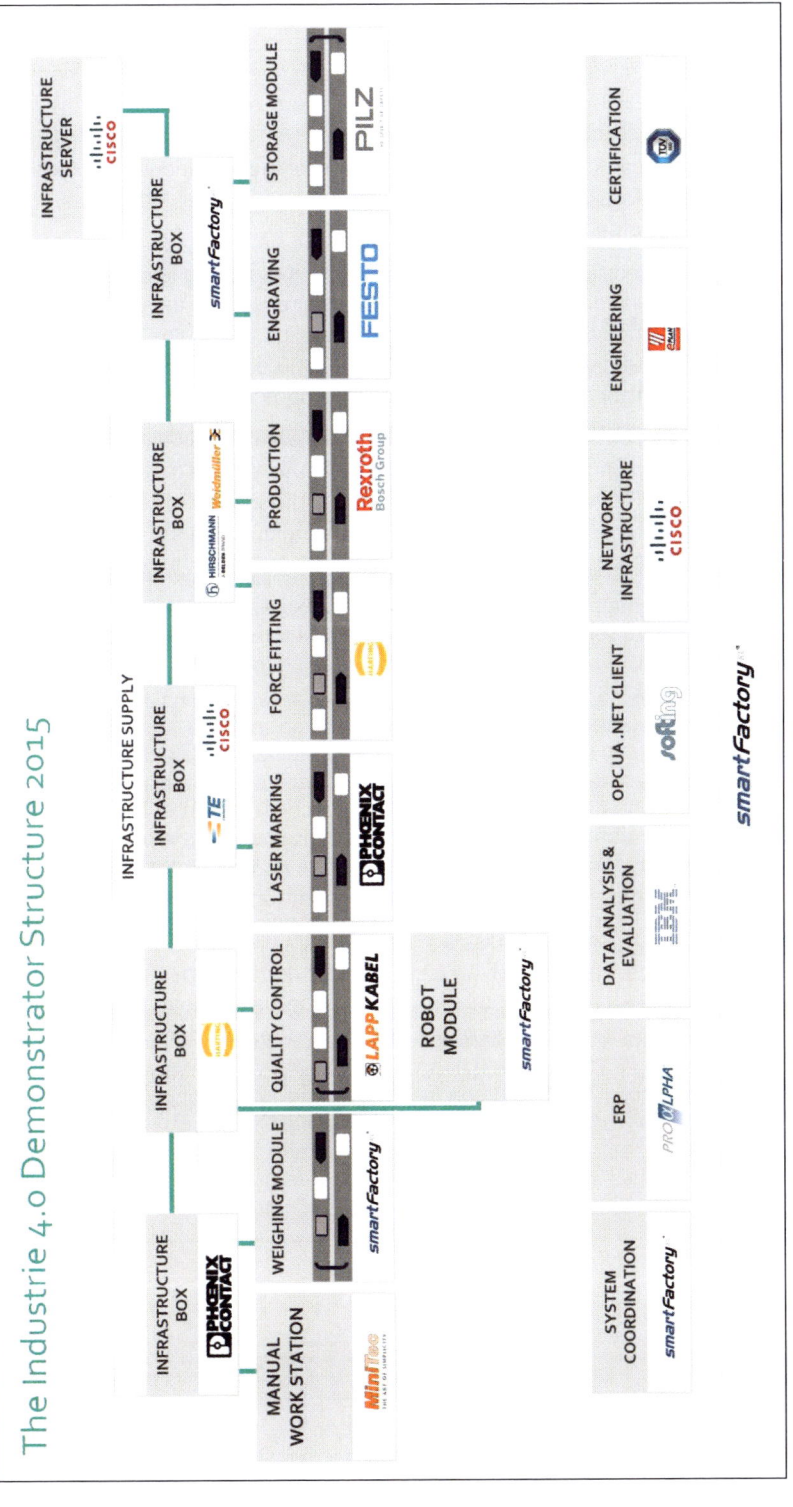

The Industrie 4.0 Demonstrator Structure 2015

Source : © Smart Factory^KL (http://enterprise-iot.org/book/enterprise-iot/part-i/manufacturing/case-study-smart-factory/).

Le premier de ces démonstrateurs est la Smart Factory[KL] de Kaiserslautern. Les fonctions Industrie 4.0 mises en avant par ce démonstrateur sont la communication et l'interopérabilité entre les machines, l'opérateur augmenté et le produit intelligent. Il se compose de plusieurs modules *plug and work* provenant de différents constructeurs qui démontrent ainsi leur compatibilité, leur niveau de synchronisation et leur capacité à lire les informations transmises par le produit qui passe successivement sur différentes machines[11].

Cas concret nº 12

Le démonstrateur Smart Factory[KL]

Pionnier des démonstrateurs Industrie 4.0, la Smart Factory[KL] se trouve à Kaiserslautern (Land de Rhénanie-Palatinat) dans les locaux du Centre de recherche allemand pour l'intelligence artificielle (DFKI).

C'est ici que le professeur Detlef Zühlke a le premier cherché à concrétiser l'idée selon laquelle les technologies émergentes du *smart home* pourraient aussi être décisives pour la *smart factory*[12]. En 2011-2012 a été développée à Kaiserslautern une installation disposant d'un système cyber-physique.

Mais, comme le souligne le professeur Detlef Zühlke, cette installation a vite montré à quel point la complexité de l'Industrie 4.0 pouvait être un obstacle majeur à l'adhésion des entreprises. La rupture était telle que l'industrie l'a boudée : « *Il est toujours dangereux d'avoir une solution sans problème !* » et d'avoir raison trop tôt…

Ce que révélait le démonstrateur était un rêve de scientifiques trop innovant pour permettre de sensibiliser efficacement des industriels à des enjeux futurs. Ses promoteurs ont vite conclu qu'ils devaient faire machine arrière et construire une étape intermédiaire pour susciter l'intérêt et l'adhésion des chefs d'entreprise. Conscient qu'il était allé trop vite, le professeur Zühlke s'est attaché à travailler l'appropriation de cette nouvelle usine par des entreprises emblématiques du *Mittelstand premium*, telles que Festo, Pilz ou Phoenix Contact. Chaque entreprise a alors contribué au projet dans son domaine de compétences bien délimité.

À la foire de Hanovre de 2014, l'installation de la Smart Factory[KL] réalisée avec les industriels a été présentée pour la première fois. Alors que cette installation reste moins développée techniquement que celle qui existait à Kaiserslautern en 2012, elle est plus en phase avec les besoins des entreprises partenaires. Il s'agit d'une installation modulaire fonctionnant en mode *plug and work*[13]. Un produit est élaboré en passant successivement sur des machines de fabricants différents, toutes capables de décrypter en temps réel les informations transmises par le produit concernant les spécificités de sa fabrication et le calibrage des machines.

---

11 Pour une présentation du démonstrateur Smart Factory[KL], voir la vidéo suivante : https://www.youtube.com/watch?v=X7ZDeVsBDbY

12 Sur le plan de la gouvernance, la Smart Factory It's OWL est une association qui comprend aujourd'hui 37 membres, dont IBM et Cisco qui comptent parmi les *Big Five* de l'Industrial Internet Consortium (IIC). L'association a deux directeurs issus de directoires d'entreprises industrielles, ainsi que le professeur Zühlke qui occupe la fonction de PDG. Selon lui, il faut un organisateur neutre qui connaît bien les entreprises pour réunir les concurrents dans un tel projet.

13 Cette expression désigne la capacité de raccorder rapidement des modules de production à une ligne de fabrication à l'aide d'une interface standard avec une reconnaissance automatique, à l'image du raccordement d'une clé USB sur le port USB d'un ordinateur.

À Lemgo, à l'ouest de la Westphalie, le démonstrateur Smart Factory It's OWL du Fraunhofer IOSB n'est pas orienté vers la recherche fondamentale, mais vers l'automatisation et le projet transverse de l'auto-optimisation. Dans le CIIT au sein du cluster It's OWL, plusieurs démonstrateurs présentent des solutions dans le domaine de la logistique interne et de la production.

Figure 31 – La Smart Factory OWL à Lemgo

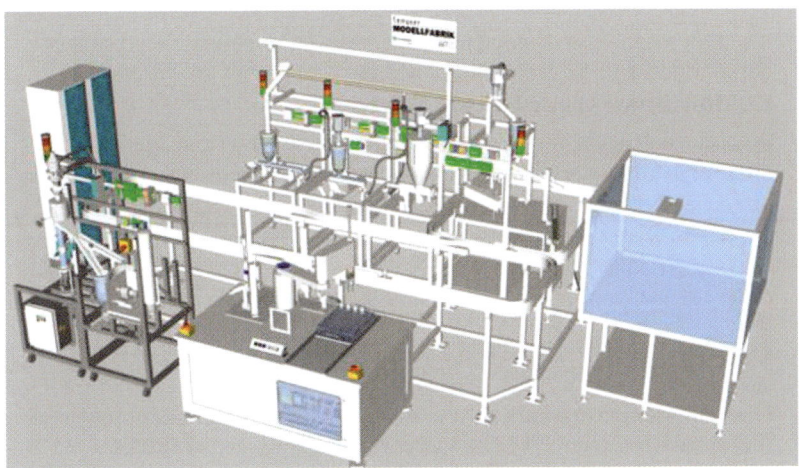

Source : Smart Factory OWL Lemgo (https://www.hsowl.de/init/en/smart-factory/lmf.html).

Lors d'une visite à Lemgo, nous avons pu dénombrer au moins trois installations. À côté de démonstrateurs dédiés à des problématiques ciblées, comme la logistique interne par exemple, le site de Lemgo dispose de démonstrateurs avec des points forts sur la modularité, l'efficience énergétique et l'ergonomie. L'un de ces démonstrateurs est conçu comme une installation *plug and work*[14].

> *« Il s'agit d'un multiplicateur, non d'un incubateur ! Il existe beaucoup d'entreprises de 10, 20, 50 personnes qui sont invisibles et auxquelles il faut permettre d'accéder à l'innovation. La société du Cluster (Cluster GmbH) met pour cela 5 M€ à disposition. Si la candidature est retenue, des scientifiques sont détachés pour quelques mois dans l'entreprise pour y travailler et y faire de la recherche. Pour la première tranche, nous avions reçu 106 projets et les 40 que nous avions sélectionnés sont désormais achevés. Pour la deuxième tranche, nous avons 66 projets qui sont d'ailleurs de meilleure qualité. »*
>
> Entretien KCC avec Günter Korder,
> Managing Director Cluster It's OWL

---

14 Pour une présentation du démonstrateur de Lemgo, voir la vidéo suivante : https://www.youtube.com/watch?v=goUYutcO4bc

Le démonstrateur It's OWL

Le plus grand cluster lié à l'Industrie 4.0 se trouve en Rhénanie-du-Nord-Westphalie. Il s'agit du cluster d'excellence It's OWL (Intelligente Technische Systeme Ostwestfalen-Lippe). Ce cluster est exemplaire de par ses projets de transfert de technologie avec des entreprises du *Mittelstand*.

It's OWL a bénéficié de conditions initiales très favorables, avec un financement du Land qui s'élevait à 1 M€ et qui a permis de préparer et de remporter le concours fédéral pour devenir « cluster d'excellence » en 2012.

Au cœur du cluster It's OWL se trouvent les projets de recherche collaborative préconcurrentielle qui sont financés pour une durée de cinq ans. Dans ce cadre, les concurrents se réunissent pour développer des technologies innovantes, sachant que pour ces entreprises, souvent situées à moins de 50 km de distance les unes des autres, le vrai concurrent est la Chine. À titre d'exemple, dans le projet « Une performance accrue dans l'électronique » (*Mehr Leistung in der Elektronik*), deux producteurs de semi-conducteurs, Infineon et Hesse Mechatronics, collaborent avec l'université de Paderborn dans le développement des connecteurs en cuivre.

Plusieurs démonstrateurs sont développés dans le cadre de projets de recherche avec l'appui du Fraunhofer IOSB qui y a investi 500 k€.

Sur ces démonstrateurs sont testés des composants comme le processeur ultra performant Tiger à 7 millions de portes, résultat d'une collaboration entre Siemens et Phoenix Contact. Une collaboration qui se présente comme une solution économique pour introduire des solutions Industrie 4.0 ou bien encore un serveur OPC UA [15] miniature.

Ces démonstrateurs sont d'autant plus importants que les dirigeants du cluster It's OWL se sont fixé des enjeux quantitatifs ambitieux. Les projets de l'Industrie 4.0 ne doivent pas seulement bénéficier aux entreprises ; ils doivent aussi générer des externalités positives pour le territoire.

Ce qui frappe le visiteur lorsqu'il voit ces démonstrateurs, c'est le nombre d'acteurs impliqués, tant dans le monde industriel que dans celui de la recherche. « Expérimenter ensemble » est un mot d'ordre qui a su trouver des traductions très concrètes sur le terrain. Le démonstrateur met en avant un partage des moyens de recherche au sein de différentes entreprises de diverses tailles. La juxtaposition des logos de société apporte la preuve qu'il a été possible de répartir l'innovation et d'éviter une forte concentration de capitaux au profit d'une seule société. L'idée est de créer des champions de l'Industrie 4.0 et de communiquer vers l'extérieur la capacité à créer un leadership collectif. Par ailleurs, le démonstrateur a également vocation à essaimer et à produire des moyens efficaces de réplication.

---

15   L'architecture unifiée OPC est un protocole d'interopérabilité pour la communication entre machines.

Le développement de ces comportements coopératifs entre donneurs d'ordre, fournisseurs et éditeurs de logiciel, et la recherche de mutualisation des tests mécaniques en bénéficiant de l'appui des instituts Fraunhofer sont parmi les faits qui nous ont le plus marqués au cours de la soixantaine d'interviews et visites menées en Allemagne. Sans oublier la curiosité qu'ont suscitée les démonstrateurs It's OWL et Smart Factory[KL] à la Foire de Hanovre parmi un public majoritairement allemand et asiatique.

La création des *Kompetenzzentren* : ancrer l'Industrie 4.0 dans le territoire

Le cluster It's OWL a déjà développé une pratique de transfert de technologie vers le *Mittelstand*. Les projets de transfert d'innovation vers les PME permettent de toucher les entreprises de moins de 50 salariés et de peser dans l'économie régionale. Les entreprises candidatent avec une maquette de projet. Celles qui sont retenues bénéficient de l'appui de chercheurs détachés gratuitement dans leur entreprise pendant quelques mois [16].

Reconnaissant l'importance cruciale des démonstrateurs et afin d'augmenter leur force de frappe, l'État fédéral a programmé pour 2015 l'installation de 5 « centres de compétences Industrie 4.0 » (*Kompetenzzentren Industrie 4.0*). L'appel d'offres publié en juin 2015 insiste sur deux dimensions : la dimension opérationnelle des projets et l'ampleur de leur impact potentiel auprès d'autres entreprises [17]. Leur objectif principal est le transfert de technologie vers les entreprises du *Mittelstand* et l'artisanat. D'ici 2016, ce sont au total 16 centres de compétences Industrie 4.0 qui devraient voir le jour en Allemagne.

Ainsi les entreprises du *Mittelstand* sont d'emblée dans une posture apprenante lorsqu'elles participent aux projets de transfert. Néanmoins, pendant cette phase de transformation numérique une entreprise a non seulement besoin de connaissances techniques mais aussi de connaissances en matière de gestion.

> *« L'essentiel est que ces centres combinent des compétences aussi bien techniques qu'économiques ! C'est un préalable nécessaire pour aider les* Mittelständler *dans toutes les dimensions de leur transformation. »*
>
> Entretien KCC avec Dr. Andreas Goerdeler
> et Dr. Alexander Tettenborn, ministère de l'Économie et de l'Énergie (BMWi)

---

16 Le transfert des compétences étant également important pour le personnel qualifié, It's OWL a mis en place un programme intitulé « Moniteur d'apprentissage » (*Bildungsmonitor*). Il permet aux opérateurs de prendre des congés de six mois pour pouvoir se former dans les nouvelles technologies et méthodes, puis de revenir dans leur entreprise.

17 Bundesministerium für Wirtschaft und Energie, *Förderbekanntmachung Mittelstand 4.0*, https://www.mittelstand-digital.de/DE/mittelstand-digital,did=717180.html

Les centres de compétences (*Kompetenzzentren*)

Dans l'appel d'offres publié au mois de juin 2015[18], l'État a communiqué sa vision de la structure et des services proposés par les centres d'information et de démonstration.

Le financement mis en place s'élève à 28 M€ pour les 5 centres et pour trois ans. Pendant ce temps, les centres sont dans l'obligation de réaliser au moins 5 projets. Il est possible d'étendre le financement à deux ans supplémentaires.

Les projets de transfert doivent avoir un caractère de démonstrateur assurant la diffusion d'expériences au bénéfice d'autres entreprises. Ces expériences peuvent concerner des thèmes comme l'impact des technologies sur l'organisation du travail, sur les compétences ou encore l'évolution des modèles d'affaires.

Ces projets doivent remplir deux conditions : un positionnement dans le champ de la recherche pré-concurrentielle pour rester neutres par rapport aux acteurs du marché, d'une part ; une double compétence à la fois technique et en gestion, d'autre part.

Pour avoir le maximum d'impact, les centres de compétences doivent être répartis de manière homogène sur le territoire allemand et irriguer le tissu des agents et dispositifs multiplicateurs (CCI, fédérations professionnelles, syndicats, réseaux régionaux). Il est enfin attendu de ces centres de compétences qu'ils travaillent en réseau et coordonnent leurs projets.

La liste des pilotes des 5 centres a été rendue publique fin septembre 2015 :

- association fédérale pour le *Mittelstand* de Berlin-Brandenbourg ;
- université technique de Darmstadt en Hesse ;
- université Leibniz de Hanovre en Basse-Saxe ;
- Institut Fraunhofer pour les flux matériels et la logistique en Rhénanie-du-Nord-Westphalie ;
- Association Initiative technologique de la Smart Factory[KL] e. V en Rhénanie-Palatinat.

En parallèle, 4 agences « *Mittelstand 4.0* » doivent être déployées pour accompagner les chefs d'entreprise sur les axes suivants : cloud, processus, communication et commerce.

---

18 Bundesministerium für Wirtschaft und Energie, Förderbekanntmachung Mittelstand 4.0, https://www.mittelstand-digital.de/DE/mittelstand-digital,did=717180.html

Des banques qui ne sont pas (encore !) au rendez-vous

De nombreux dispositifs existent concernant le financement de la recherche appliquée pour l'Industrie 4.0.

Fin 2014, le BMBF a lancé un programme de recherche intitulé « Industrie 4.0 – Recherche dans les halles de production » (*Industrie 4.0. Forschung auf den betrieblichen Hallenboden*) qui vise à développer à grande échelle des solutions Industrie 4.0 dans le *Mittelstand* avant 2020[19]. On peut s'attendre à ce que les instituts Fraunhofer jouent un rôle clé dans ces projets de recherche collaborative.

Un autre programme du BMBF est intitulé « SElekt I4.0 » (Systèmes électroniques basés sur les capteurs pour les applications Industrie 4.0 – *Sensorbasierten Elektroniksystemen für Anwendungen für Industrie 4.0*). L'objectif est de développer des systèmes de production qui s'adaptent de manière dynamique aux commandes par l'optimisation des flux et des processus.

De son côté, le BMWi a lancé un programme « Le monde des services intelligents » (*Smart Service Welt*).

Enfin, des programmes conventionnels complètent l'offre de financement : le programme central pour l'innovation (« *Zentrales Innovationsprogramm*[20] » – ZIM) qui encourage les coopérations en R&D, le programme « *Mittelstand Digital* » ou encore le programme « *KMU Innovativ* ».

Toutefois, ces programmes financent seulement les étapes préconcurrentielles. Commercialiser un produit à partir d'un prototype demeure une phase critique en matière d'investissement, car l'entrepreneur est confronté à un pic de risques et à des banques frileuses. De plus, une enquête réalisée pour le ministère fédéral de la Formation et de la Recherche montre que ce n'est qu'au bout de six ans que le retour sur investissement est obtenu et que l'entreprise peut espérer des bénéfices[21].

Un frein à la diffusion de l'Industrie 4.0 sera donc le financement. Par comparaison avec la France, un acteur manque en effet dans le paysage des multiplicateurs de l'Industrie 4.0 : ce sont les banques. Les banques privées n'ont pas encore investi le sujet. Quant aux banques publiques (KfW et banques régionales d'investissement), elles restent pour l'instant en retrait.

Les modèles d'affaires basés sur l'exploitation des données d'usage sont difficiles à évaluer en termes de garantie et de risque pour une institution financière.

---

19 Bundesministerium für Bildung und Forschung (2014), *Förderbekanntmachung Industrie 4.0 – Forschung auf den betrieblichen Hallenboden*, juin.

20 Bundesministerium für Wirtschaft und Energie, *Zentrales Innovationsprogramm*, http://www.zim-bmwi.de

21 Bundesministerium für Wirtschaft und Energie (2015), *Industrie 4.0, Volks– und betriebswirtschaftliche Faktoren für den Standort Deutschland*, mars, p. 8.

« Dans le domaine de l'IT, c'est déjà une habitude bien établie de ne pas vendre un produit, mais le résultat d'une production. La construction mécanique pourrait s'en inspirer. Encore faut-il convaincre les banques de l'intérêt du modèle de l'exploitant. Comment une banque peut-elle évaluer mes actifs, quand ce que je vends n'est plus une machine, mais une augmentation de résultat ? Comment une banque peut-elle évaluer la qualité des données ? »

Entretien KCC avec Günter Korder,
Managing Director Cluster It's OWL

Se pose alors la question de savoir si les banques ont intégré les conséquences que l'Industrie 4.0 aura sur leur métier. Comment valoriser dorénavant un *business* dont une partie est constituée par des services immatériels ? Comment évaluer les bénéfices en efficacité qu'une innovation dans les process – par exemple, l'introduction des SCP ou des robots collaboratifs – peut apporter ? Les grandes banques pensent l'Industrie 4.0 uniquement en catégories de gagnants et de perdants dans leur portfolio d'investissement, comme le dit Dr. Olaf Sauer du Fraunhofer IOSB [22], alors qu'à ce jour la complexité du sujet semble dépasser les banques locales.

« Certes, la banque publique KfW assure une mission de financement des start-up en capital-risque, mais en Allemagne il n'y a pas de soutien financier pour la recherche qui passe par les banques (ni d'avantage fiscal pour la recherche, d'ailleurs). Les entreprises du private equity *n'investissent encore que timidement dans l'Industrie 4.0. Nous avons besoin d'encore plus de créateurs et de jeunes entrepreneurs qui osent développer avec succès une start-up sur la base de technologies liées à l'Industrie 4.0. »*

Entretien KCC avec Dr. Olaf Sauer
et Dr. Thomas Usländer, Institut Fraunhofer IOSB

« Il n'y a pas de lobby des PME, aucune banque ne souhaiterait donner un crédit à une PME pour de la recherche et du développement. Cela inhibe les jeunes entrepreneurs. À cela il faut ajouter que les grandes entreprises paient à 60-90 jours après la livraison, alors que ce délai est d'environ 30 jours dans le Mittelstand. *Notre liquidité se trouve ainsi immobilisée dans les équipements que nous venons de livrer. En plus, il faut faire des réserves pour assumer la garantie. C'est pourquoi il peut être plus raisonnable de construire des petits robots plutôt que des installations géantes. »*

Entretien KCC avec le CEO d'une entreprise de mécanique,
région de Stuttgart

---

22 Interview avec Dr. Olaf Sauer, Stellvertreter des Institutsleiters, Geschäftsfeld Automatisierung, Fraunhofer IOSB, 23 mars 2014.

De son côté, la banque publique d'investissement allemande, la KfW, ne dispose pas à l'heure actuelle d'un programme dédié à l'Industrie 4.0. La banque mène des réflexions internes sur l'adéquation des instruments de garantie de prêt et de capital-risque aux besoins des entreprises qui décident d'investir dans l'Industrie 4.0. Les banques régionales estiment qu'il est de leur responsabilité de « *rendre les nouvelles technologies digitales accessibles pour le* Mittelstand *et d'agir comme moteur pour le développement économique* », comme l'explique Dr. Peter Güllmann, directeur des participations de la NRW. Bank[23]. En Allemagne, la disponibilité des fonds en capital-risque est suffisamment abondante. Selon Dr. Christian Kellermann-Langhagen, c'est avant tout la disponibilité en capital de développement, lorsque l'entreprise traverse cette fameuse « vallée de la mort » de mise sur le marché de ses innovations, qui pose problème.

Le travail d'analyse[24] que nous avons mené sur le *Mittelstand* montre que ces chefs d'entreprise préfèrent avoir recours à l'autofinancement pour préserver leur indépendance. Par ailleurs, ils conservent une certaine rancune vis-à-vis des banques qui avaient opté pour une stratégie d'évitement durant la crise de 2008-2009. Encore une fois, certaines entreprises du *Mittelstand premium* pourraient suppléer partiellement les acteurs du financement en proposant à leurs clients, comme certaines le font déjà, des financements pour acheter leurs machines.

23 *VC Magazin* (2014), « Kolumne von Dr. Peter Güllmann, NRW.Bank », 3 novembre, http://www.vc-magazin.de/finanzierung/venture-capital/item/3138-vc-kolumne-von-dr-peter-g%C3%BCllmann-nrwbank

24 Kohler Dorothée, Weisz Jean-Daniel (2012), *Pour un nouveau regard sur le Mittelstand, op. cit.*, p. 45.

Conclusion : vers une compétitivité relationnelle ?

Au début des années 2000, le débat économique allemand restait dominé par un discours sur la compétitivité/coût et les réformes du marché du travail. Dans le même temps, les entreprises industrielles allemandes renforçaient leurs avantages hors prix pour asseoir leur position internationale.

Les années 2010 marquent un changement significatif dans le mode de construction des avantages compétitifs. S'ils continuent de valoriser une innovation produits et services, de nouveaux leviers de compétitivité apparaissent sur le devant de la scène.

Alors que les programmes et les projets Industrie 4.0 commencent tout juste à livrer leurs premiers résultats, on ne peut manquer d'être frappés par l'ampleur des coopérations entre acteurs que ce mouvement a initiées.

Les programmes qui favorisaient auparavant la coopération entre les entreprises pour l'innovation, comme le ZIM[1], se limitaient souvent à 2 ou 3 partenaires. Avec l'Industrie 4.0, nous changeons d'échelle. Un projet phare du BMBF comme Cypros regroupe plus de 20 partenaires ; rares sont ceux qui ont moins de 7 participants.

Dans certaines régions structurellement faibles, comme celle de la Lippe à l'Est du Land de Rhénanie-du-Nord-Westphalie par exemple, les acteurs de l'économie ont compris qu'ils devaient coopérer, même s'ils étaient parfois concurrents. Nous voyons naître, à côté d'un institut technique et de son centre de recherche, un cluster d'excellence, un démonstrateur Industrie 4.0, des alliances et des liens jusqu'alors inédits. Les instituts Fraunhofer tiennent un rôle majeur dans la création de ces nouvelles grappes d'acteurs privés et publics.

Cette coopération n'allait pas toujours de soi et l'État fédéral, le ministère fédéral de la Recherche et de la Formation au premier chef, a joué un rôle essentiel pour susciter, parfois par la contrainte, ce mouvement. Mais une fois cette impulsion donnée, le terrain de jeu est à la main des acteurs opérationnels qui doivent changer leur vision du monde et leurs modes d'interaction pour bénéficier des atouts de la révolution numérique.

Cette coopération étendue dans la recherche préconcurrentielle se double d'un fort effet d'entraînement des entreprises du *Mittelstand premium* sur le tissu industriel régional. Coopérations pour l'innovation, partenariats de développement ou simples relations de clients à fournisseurs, ces liens qui se tissent permettent de mieux tirer parti de la compétitivité du tissu dense d'entreprises de taille moyenne.

---

1   Le ZIM (*Zentrales Innovationsprogramm Mittelstand*) est un programme fédéral pour l'innovation dans le *Mittelstand*.

De multiples acteurs favorisent ces alliances : porteurs de projets des programmes fédéraux, initiatives Industrie 4.0 des Länder, instituts de recherche comme les Fraunhofer, chambres de commerce et d'industrie… Sans oublier le syndicat IG Metall qui joue sa partition de manière très pragmatique.

Les enjeux sont importants, car il s'agit de nouer des alliances stratégiques qui permettent aux acteurs de petite et moyenne tailles de réaliser une transformation numérique coûteuse – laquelle peut s'avérer risquée. Le champ de l'IT obéit à des règles et des routines que les fabricants industriels de taille moyenne ne maîtrisent pas toujours. Il s'agit aussi de maintenir un équilibre des pouvoirs entre grands groupes, entreprises du *Mittelstand premium* et petit *Mittelstand*, de préserver l'indépendance et la compétitivité de ce tissu d'entreprises intermédiaires qui fait la force de l'économie allemande. Le défi est de taille !

L'Industrie 4.0 est partie d'une vision qui allie rêves d'ingénieur, instinct de préservation du leadership industriel, prise de conscience d'un tournant économique historique et esprit de conquête. Une sorte de mythe social est né. Il permet de raconter une histoire, celle d'une quatrième révolution industrielle. L'Industrie 4.0 construit un nouvel imaginaire industriel et relève le défi de faire rêver avec l'industrie, de travailler collectivement à la constitution de nouveaux avantages compétitifs et de développer les leviers d'une nouvelle compétitivité relationnelle. Il semble que l'Allemagne soit en bonne voie pour relever ce défi, même si elle va devoir s'attaquer très vite à l'épineuse question du financement de ces investissements 4.0 dans le *Mittelstand*. Les prévisions de marché annoncées font rêver les *global players* et les champions cachés, mais les acteurs de plus petite taille restent prudents, voire frileux, face à des temps de retour sur investissement estimés à 6 ans.

L'Industrie 4.0 bouscule les composantes de l'ADN du *Mittelstand* (autonomie, autofinancement, innovation incrémentale, culture du brevet…) autant qu'elle en valorise certaines spécificités : hiérarchies plates, duo gagnant de la « *perfection du banal*[2] » – R&D et design –, proximité client et surtout capacité à aller chercher des marchés de niche et à concentrer ses ressources sur les obstacles à la croissance.

L'Industrie 4.0 rebat les cartes des facteurs de compétitivité pour les entreprises du *Mittelstand* et nul doute qu'elle va « challenger » fortement la relation entre les banques et l'industrie.

Cette révolution technologique amène également l'État à faire évoluer son positionnement et à combiner impulsions *top-down* et *bottom-up* avec la création à deux ans d'intervalle de deux plateformes Industrie 4.0. Après un premier exercice focalisé sur les normes et les standards, la deuxième phase, plus opérationnelle, est marquée par la priorité donnée à l'avenir du travail, à la diffusion du numérique dans le *Mittelstand* et à la naissance de nouveaux modèles d'affaires.

---

2 Dorothée Kohler, Jean-Daniel Weisz (2012), *op. cit.*, p. 51, « *La perfection du banal* » : la capacité à maîtriser parfaitement et en profondeur une portion de la chaîne de valeur qui permet de dégager de fortes marges.

L'avenir du travail est d'abord pensé en termes d'évolution de compétences et de métiers et moins en termes de menaces du numérique sur l'emploi. Le syndicat IG Metall est devenu un acteur de référence dans les débats et un acteur incontournable dans la mise en place de champs d'expérimentation. L'analyse des avantages et des risques se mène sur le terrain avec les conseils d'établissement et les salariés.

La diffusion de l'Industrie 4.0 est malaisée dans des entreprises où les carnets de commandes sont pleins et où le 4.0 oblige à revoir un modèle d'affaires qui montre encore peu de signes de faiblesse. Pour ces chefs d'entreprise, pourquoi changer de modèle d'affaires maintenant ? Pour quels bénéfices ?

Au-delà de l'agitation autour de la menace Google, la mobilisation de l'ensemble des acteurs de l'écosystème pour faire « mûrir » ces chefs d'entreprise surprend par son ampleur. Cette stratégie ne peut manquer de faire écho aux propos de François Jullien dans son livre intitulé *Conférence sur l'efficacité*[3] : « *Ni tirer sur la pousse, ni la regarder pousser, il faut laisser* [le processus] *sans pour autant le délaisser.* » Stratégie subtile qui demande d'être patient, tout en construisant un processus d'action très structuré pour tirer tous les avantages du potentiel de situation de cette gigantesque transformation numérique. L'efficacité de cette politique Industrie 4.0 est *discrète*, même si elle peut se faire plus bruyante lors de foires comme celle de Hanovre.

Conclusion : vers une compétitivité relationnelle ?

Pour un œil qui voudrait faire rimer Industrie 4.0 et spectaculaire, à l'évidence décrypter les ressorts de la transformation du modèle allemand nécessite d'opter pour d'autres lunettes !

---

3   François Julien (2005), *Conférence sur l'efficacité*, Paris, PUF, p. 45.

7

Industrie 4.0 – Industrie du futur : construire des passerelles entre la France et l'Allemagne

Les 5 propositions de KOHLER C&C

1 Sortir d'une vision analytique et dualiste de l'avenir de l'industrie

Il n'est pas rare que nous nous fassions reprendre par nos interlocuteurs lorsque nous utilisons le terme d'industrie dans nos missions et nos interventions. Il y a en effet une croyance tenace en France qui consiste à faire de l'industrie un produit du passé et à associer la révolution du numérique à une vague de tertiairisation, avatar d'une représentation statistique binaire qui n'est plus opérante face à l'hybridation du champ d'activités des entreprises. Google, c'est de l'internet mais aussi des entreprises qui fabriquent des robots ! Comme le recommande vivement Pierre Veltz, « *il est* [...] *grand temps d'abandonner cette distinction biens/services et de cesser de définir l'industrie par la production de biens physiques. Notre problème n'est pas de sauver à toute force l'industrie "manufacturière."* [...] *Il s'agit au contraire de construire une base "hyper industrielle" solide* [...] *qui se caractérise précisément par la convergence entre la production des biens et celle des services, profondément renouvelées l'une et l'autre par l'informatique*[1] ».

Aborder le sujet de la révolution numérique de manière dichotomique conduira à s'enfermer dans des oppositions (industrie traditionnelle/industrie technologique, industrie/services, grands groupes/start-up, technologies logicielles/technologies industrielles, robots/hommes) et à produire des débats idéologiques manichéens qui s'abstraient de la réalité de terrain sans permettre aucune avancée.

Alors que les plans de la Nouvelle France Industrielle ciblaient alternativement une filière, un groupe de technologie ou un produit d'avenir, privilégiant une approche analytique, les Allemands ont voulu conduire une démarche transversale cherchant à relier l'ensemble des éléments des chaînes de création de valeur autour de l'Industrie 4.0. Le principe de coopérations et d'alliances est structurant dans l'ensemble des projets Industrie 4.0 déployés sur le territoire allemand.

En articulant 10 à 15 plans de la Nouvelle France Industrielle, on peut reconstituer un semblant d'Industrie 4.0. Mais en découpant, on mutile, on aiguise des intérêts individuels et on se prive d'une valeur qui naît souvent aux interstices. Par ailleurs, certains s'entêtent à vouloir déployer dans le champ numérique une approche par filière, à rechercher une mise en ordre verticale, alors que la révolution numérique traverse l'ensemble des filières et impose un nouveau paradigme industriel.

Depuis 2012, nous avons été de multiples fois confrontés à cette posture : « *Industrie 4.0, je demande à être convaincu ! Je n'ai rien vu de spectaculaire et qui sait si les Allemands ne font pas fausse route, s'ils ne sont pas en train*

---

1   Pierre Veltz (2015), « Vers le monde hyperindustriel », *in* Pierre Veltz et Thierry Weil, *op. cit.*, p. 20-23.

de se planter magistralement avec leur paradigme mécatronique, alors que nous, nous avons l'algorithme ! »

Nous avons montré dans cet ouvrage que le combat de l'Industrie 4.0 ne se jouait pas sur le seul terrain technologique. Il sera déterminé par des enjeux de compétitivité relationnelle. Ce message, nous avons eu l'occasion de le relayer de multiples fois auprès des élites économiques et politiques françaises.

La tenue, le 27 octobre, de la conférence numérique franco-allemande «Accélérer la transformation numérique de nos économies» est un signal très positif, même si dans sa genèse et sa finalité elle entretient une confusion en associant irrémédiablement numérique et start-up, et numérique et internet : « [...] *une coopération bilatérale qui donnera un puissant élan à la création et à la croissance des start-up et des entreprises innovantes, à la numérisation de l'industrie, à l'expansion du big data et de l'internet des objets, ainsi qu'au développement de connaissances et de compétences dans le domaine du numérique en Europe*».

Le point 3 de la déclaration commune entre les ministères de l'Économie français et allemand, « la numérisation de l'économie », laisse espérer la construction de priorités et d'objectifs communs d'ici la fin de l'année 2015 entre les plateformes «Industrie 4.0» et «Industrie du futur» dans les domaines de la recherche et l'innovation, les cas d'application et les équipements techniques communs, les standards, la sécurité, le cadre juridique, les compétences et les conditions de travail. La question des standards et des normes est, dans ce cadre, surtout réservée au big data et à l'internet des objets. Ces déclarations politiques communes sont un préalable nécessaire, mais comment s'assurer que la traduction et la diffusion sur les terrains français et allemand auront bien lieu entre deux cultures coutumières du «jardin des malentendus[2]» ?

Que faire ?

Nous préconisons de partir du « terrain », c'est-à-dire de prendre les entreprises, au premier chef les ETI, comme point de départ et non comme point d'arrivée !

L'injonction politique comporte un risque : positionner les entreprises en tant qu'exécutants disciplinés. Ce qui est une vision de l'esprit, car le chef d'entreprise investit du temps sur un sujet en fonction du bénéfice qu'il peut en retirer. C'est une posture universelle, et ne pas en tenir compte peut conduire à produire beaucoup de papiers, disperser les moyens et les énergies et à organiser des événements qui resteront lettre morte. Construire une démarche collaborative franco-allemande pour la transformation numérique de nos industries requiert d'avoir recueilli en amont les demandes, les intérêts, les craintes des chefs d'entreprise et autres parties prenantes des écosystèmes français et allemands pour ensuite articuler avec eux le projet et les actions à mener.

L'intérêt ici est de faire des chefs d'entreprise les architectes de la numérisation de l'industrie en leur donnant la possibilité d'influer sur la maîtrise d'ouvrage.

---

2   Jacques Leenhardt, Robert Picht (dir.) (1997), *Au jardin des malentendus. Le commerce franco-allemand des idées*, Paris, Babel.

Favoriser une remontée systématique des expériences de terrain – où les praticiens de l'Industrie du futur et de l'Industrie 4.0 viennent enrichir en temps réel la connaissance, la pratique et l'expertise du champ de la numérisation de l'industrie – constituerait une création de valeur à laquelle peu de chefs d'entreprise pourraient résister. Impulser une démarche collective entrepreneuriale où il est possible de questionner et d'identifier les facteurs de réussite des bonnes pratiques, sans laisser de côté le repérage des pratiques inefficaces ou source de risques, est une priorité que nous souhaitons de toutes nos forces voir se concrétiser au niveau franco-allemand avec l'appui de l'Europe.

Nous préconisons dans le déploiement de la coopération entre les plateformes de l'Industrie du futur et de l'Industrie 4.0 une démarche qui concilie approches *top-down* et *bottom-up*. La numérisation de l'industrie est un sujet difficile à appréhender pour les chefs d'entreprise et ils ont besoin de balises pour comprendre et adhérer. Les *use cases* (cas concrets d'application) collectés en Allemagne et ceux en cours d'identification côté français peuvent constituer un premier socle commun pour ce travail.

Par ailleurs, l'expérience nous a montré, à travers nos différentes missions en France et en Allemagne, qu'il était préférable de dédier une équipe projet franco-allemande à la réalisation d'une ambition franco-allemande, sinon cette ambition se sédimente volontiers au niveau institutionnel. Maîtrisant la culture des deux pays, cette équipe est à même d'établir le dialogue et d'être respectueuse des différences culturelles, tout en s'attachant au « bien commun ».

2 Construire une histoire commune autour de l'Industrie du futur

La question n'est pas de savoir si l'on doit « rougir » ou non en tant que Français par rapport à l'Industrie 4.0 (cette question nous est souvent posée) ; elle est surtout de construire une histoire commune aux échelles nationale et européenne autour de l'Industrie du futur appropriable par tous. Les Allemands sont en train de forger cet imaginaire industriel avec l'Industrie 4.0. Est-ce que l'Usine du futur ou l'Industrie du futur mobilisent les chefs d'entreprise français ? Il est peut-être encore trop tôt pour répondre mais, sur le terrain, les chefs d'entreprise d'ETI ou de PME appréhendent avec difficulté ce sujet de la numérisation de l'industrie. Ce qui n'est ni compris ni visible fait toujours peur… Cela reste également vrai pour les chefs d'entreprise allemands, mais avec quelques bémols car la crainte de ne pas prendre à temps le tournant du numérique devient de plus en plus mobilisatrice.

Le tableau ci-dessous caractérise les deux contextes français et allemand. Il est important d'en tenir compte pour construire notre propre histoire sur notre vision de l'avenir de l'industrie en sortant des sentiers battus. S'agissant du contexte français, il y a une perception de déclin industriel et une volonté de moderniser l'appareil productif, alors qu'en Allemagne il s'agit d'une perception de menace sur le leadership industriel et d'une volonté de le renforcer.

Par ailleurs, nous avons en France une vision du monde où les cercles économiques et la presse mettent surtout en avant la pression fiscale et le coût du travail qui laminent les marges et bloquent l'investissement. Le *leitmotiv* perdure depuis plusieurs années. En Allemagne, l'attention dans ces mêmes cercles est focalisée sur la menace que représente Google, le besoin d'anticiper la configuration de nouveaux modèles d'affaires pour maintenir le leadership allemand.

En France, le sous-investissement dans l'appareil productif – et notamment le sous-équipement en termes de robots – est pointé du doigt depuis dix ans comme un problème majeur. En Allemagne, la préoccupation est de réussir cette imbrication entre technologies logicielles et industrielles, en particulier dans le *Mittelstand* charpenté par l'industrie mécanique.

Les tentatives de solutions en France sont portées par l'existence d'outils de financement robustes, Bpifrance et le programme d'investissements d'avenir (PIA), l'aide à l'amorçage et au développement pour les start-up, l'appui à la mise en réseau entre start-up et entreprises de plus grande taille, notamment par les banques (Bpifrance et BNP) et la mise en avant des stratégies digitales développées par les grands groupes. En Allemagne, certains *global players* comme Siemens, SAP et Bosch jouent un rôle prépondérant dans ce mouvement Industrie 4.0, mais il y a également tout un *pool* de champions cachés du *Mittelstand* qui sont en position de leaders et de promoteurs. Le principe d'expérimenter ensemble et de mutualiser les efforts de recherche sous-tend fortement la politique Industrie 4.0 portée à la fois par le ministère de la Formation et de la Recherche et le ministère de l'Économie et de l'Énergie. Au-delà du principe de coalition politique, ce double attelage renforce la dimension transversale de la stratégie Industrie 4.0 et positionne en locomotive les instituts de recherche et les universités.

Tableau 9 – L'Allemagne et la France : deux contextes différents et deux manières d'aborder les enjeux de la numérisation de l'industrie

	France	Allemagne
Contexte	Perception d'un **déclin industriel**	Perception d'une **menace sur le leadership industriel**
Vision du monde	La **pression fiscale et le coût du travail** laminent **les marges et bloquent l'investissement**	Google est le concurrent nº 1
Défi	**Enclencher le cercle vertueux de l'investissement** dans l'appareil productif	**Réaliser la transition numérique du système productif allemand** dont l'épicentre est l'industrie mécanique
Objectif	**Moderniser l'appareil productif**	**Sécuriser le leadership industriel allemand en prenant le tournant de la révolution numérique**
Les éléments de solution	• Un outil de financement robuste, Bpifrance et le PIA • Développement de start-up • Lancement Usine du futur → Programme Industrie du futur → Alliance Industrie du futur • Les avancées technologiques sur la fabrication additive • # Noé	• Vision Industrie 4.0 • Démarche collective entre représentants de l'État, instituts de recherche et entreprises de toutes tailles • Approche pragmatique « Avenir du travail » • Avancées sur le système cyber-physique (CSP) • Démonstrateurs, plateformes et foires internationales

Source : © Conception et réalisation KOHLER Consulting & Coaching (2016) – Industrie 4.0.

Que faire ?

Nous proposons de convoquer les sciences sociales et les acteurs du terrain, et d'écrire l'histoire de l'Industrie du futur en France, en valorisant ses atouts et en expliquant ses défis de manière pédagogique, c'est-à-dire en partant du terrain, des *success stories* en cours et à venir. L'écriture de ce récit ne peut être le fruit d'un travail rédigé par une élite dirigeante qui pense pour et à la place des entreprises. Elle doit être une œuvre collective, un premier acte entrepreneurial. Pour cela, nous avons à notre disposition de fabuleux outils qui permettent une nouvelle forme de communication et de création pour exprimer et formaliser l'histoire et la feuille de route de l'Industrie du futur en France.

3 Créer un réseau social qui interconnecte les chefs d'entreprise de PME et d'ETI

Les grands groupes français disposent de ressources pour appréhender la transformation numérique. Mais qu'en est-il des PME et des ETI ?

Si la mobilisation des PME et des ETI est un enjeu affiché dans le projet de l'Alliance pour l'Industrie du futur, il est essentiel de rendre visibles les enjeux de la numérisation de l'industrie pour ces entreprises et de faire de la transformation numérique une priorité pour leurs dirigeants.

Les entretiens que nous avons menés auprès de chefs d'entreprise sur le terrain, nous ont permis d'identifier 5 idées communes largement diffusées en écho au défi de la numérisation de l'industrie en France :

- « La numérisation touche avant tout le domaine des services avec les GAFA et NATU (Google, Apple, Facebook, Amazon et Netflix, Airbnb, Tweeter, Uber). L'industrie est donc faiblement concernée, surtout s'il s'agit d'entreprises dans le B to B. »
- « À chaque pays, sa spécialité ! Les services de l'internet pour les États-Unis, l'Industrie 4.0 pour l'Allemagne et les objets connectés pour la France. »
- « La numérisation passe avant tout par des start-up et l'internet des objets qui fournissent une nouvelle offre de services sans toucher directement à la sphère de la production industrielle. »
- « La numérisation de l'industrie est un sujet à forts enjeux pour l'Allemagne où l'industrie mécanique et la production de biens d'équipement sont très présentes, moins pour la France. »
- « La numérisation vise d'abord l'intensification de l'automatisation dans l'usine et l'introduction de robots. »

Ces idées communes montrent que la numérisation est encore à ce stade un sujet repoussoir pour certains chefs d'entreprise des PME et ETI en France ou, au mieux, un sujet qu'ils estiment être suffisamment lointain pour ne pas en faire une priorité. Il est donc essentiel de partir des résistances mentionnées plus haut et de ces croyances pour parvenir à mobiliser les chefs d'entreprise.

Que faire ?

Cette troisième proposition se situe dans le prolongement de la première. Il s'agit ici de créer de la valeur pour les entreprises (ETI et PME et *Mittelstand*) en leur permettant de constituer un réseau dédié à la numérisation de l'industrie en France et en Allemagne.

Nous proposons de créer un mouvement de mobilisation du terrain et d'impliquer, dans chaque région, les ETI et les *Mittelständler* susceptibles d'avoir un effet d'entraînement sur d'autres entreprises en demande. Pour faire du numérique un révélateur de croissance et de compétitivité, la France a besoin de placer ces ETI au cœur de ce processus de transformation industrielle ; *idem* pour l'Allemagne dont l'élite dirigeante a fait de ce sujet un axe prioritaire de la nouvelle plateforme Industrie 4.0 en avril 2015.

Chaque région doit pouvoir faire émerger son pool de champions du numérique associés aux universités, aux instituts de recherche dans une dynamique trans-filière et transnationale. Ce sont ces nouvelles communautés porteuses d'une nouvelle histoire industrielle qui pourront entraîner les entreprises indécises. Pour cela, inutile de créer de nouveaux plans, pôles ou programmes. En revanche, identifier les collectifs susceptibles de définir dans chaque grande région le projet de la transformation numérique sera une étape majeure.

Un lien utile pourra être fait entre les bases de données existantes sur les entreprises de taille intermédiaire leaders sur leur marché en France et en Allemagne, sur la constitution de *pools* régionaux d'entreprises praticiennes du numérique et sur l'étude des trajectoires de croissance de ces entreprises[3].

---

3   Sur ce point, voir la publication *ETI – trajectoires de croissance* réalisée dans le cadre d'une étude Bpifrance (http://www.bpifrance.fr/Vivez-Bpifrance/Actualites/Bpifrance-publie-son-enquete-sur-les-trajectoires-de-croissance-des-ETI).

4 Accompagner les entreprises de taille intermédiaire (ETI) dans le reprofilage de leur modèle d'affaires

Il s'agit d'accompagner les entreprises de taille intermédiaire et les « grosses PME » dans l'exploration de l'Industrie du futur en leur faisant toucher du doigt la raison pour laquelle la numérisation de l'industrie est une étape cruciale. Depuis la dématérialisation des factures jusqu'à la refondation des modèles d'affaires, en passant par l'évolution des ERP et des MES, le spectre du numérique est très large et donc source de nombreuses confusions. Sans représentation concrète des changements induits par le numérique dans les différentes activités de la chaîne de valeur, un grand nombre de chefs d'entreprise resteront incrédules, voire aveugles.

Ce n'est qu'une fois l'enjeu et les bénéfices de la transformation numérique rendus visibles pour l'équipe dirigeante de l'entreprise, que le diagnostic du positionnement stratégique, des ressources et de l'organisation trouve pleinement sa valeur ajoutée. Il permet d'aider l'entreprise à se situer précisément et à exprimer ses besoins par rapport à un positionnement souhaité.

« Quels sont les changements de positionnement induits par le numérique dans mon entreprise ? Qu'est-ce que cela implique en termes d'organisation et de ressources ? »

Pour identifier les zones de pertinence de ces changements, situer les enjeux en termes d'avantages compétitifs à développer, détecter les besoins de nouvelles compétences et de nouveaux métiers, nous proposons de réaliser un diagnostic de transformation digitale, de recenser les benchmarks et d'identifier les différents scénarios possibles.

Dans cette approche, il est crucial de pouvoir considérer simultanément les dimensions *business* et métiers. Le numérique bouscule non seulement l'organisation de la chaîne de valeur, l'organisation des espaces de production, mais aussi la configuration des lignes de production, des postes de travail et, en amont, des modes d'apprentissage et de formation. Un grand nombre de métiers vont être traversés par des usages numériques. Cela va amener à construire de nouvelles routines et de nouveaux savoir-faire. La modification des interactions entre les métiers qui composent la chaîne de valeur va également faire évoluer dans l'entreprise les processus de développement des compétences métiers et les transferts de savoir-faire. L'introduction du numérique dans l'industrie passe *de facto* par la création de nouveaux espaces de formation. Enfin, il y a fort à parier que les modalités du dialogue social dans l'entreprise évolueront pour s'adapter à ce nouveau contexte.

Figure 32 – Industrie 4.0 : les enjeux de transformation pour les ETI et PME

Comment financer ma transformation numérique ?
Comment financer l'achat de nouvelles machines ?
Comment financer l'achat d'une start-up ?

Comment définir mon nouveau *business model* ?
Qu'attendent mes clients de ma transformation digitale ?
Quels sont mes avantages compétitifs par rapport aux anciens et nouveaux concurrents ?
Quels sont les nouveaux marchés liés aux données d'usage ?
Comment définir une *roadmap* stratégique Industrie 4.0 ?

Comment faire des services liés à la numérisation un avantage concurrentiel ?
Comment capter la valeur ajoutée créée par les services liés à la numérisation ?

Comment faire le lien entre la conception et toutes les étapes du cycle de vie du produit ?
Comment intégrer le besoin client à tous les stades du cycle de vie du produit ?
Comment gérer la question de la propriété intellectuelle ?

Comment augmenter le contenu en design des produits ?
Comment améliorer la relation directe avec le client et capter ses besoins en temps réel ?
Quels services développer et quel modèle de valorisation pour les données d'usage ?

Comment identifier les nouveaux métiers, former les collaborateurs ?
Comment attirer et recruter des compétences IT ?
Comment former mes équipes à la transformation digitale ?

Sur quelles technologies s'appuyer ?
Quels standards privilégier ?
Quels seront les changements dans le processus de fabrication, dans la *supply chain* ?
Quand lancer les différents stades de la transformation digitale ?
Comment mettre en place des infrastructures de réseau ?
Comment sécuriser, exploiter et stocker les données ?

FINANCEMENT · STRATEGIE · CONCEPTION INNOVATION · MARKETING & COMMERCIAL · PRODUCTION SUPPLY CHAIN · RH · SERVICES · Besoins clients

Source : © Conception et réalisation KOHLER Consulting & Coaching (2016) – Industrie 4.0.

Ces zones d'impact sont autant de défis technologiques, organisationnels, pédagogiques et sociétaux – qui ont des conséquences très pratiques dans l'organisation du travail, l'apprentissage, l'expression des compétences, le comportement et le management. Elles alertent sur la nécessité de mener un travail sur le terrain, avec des sites pilotes, entre les fédérations professionnelles, les syndicats, les organismes de formation et les entreprises. La dimension collaborative sera déterminante.

Or, aujourd'hui, le débat a tendance à se focaliser sur le risque d'une destruction supplémentaire d'emplois avec une introduction plus poussée du numérique, assimilé la plupart du temps à une intensification de la robotisation et de l'automatisation. Le risque est grand d'être confronté à une inflation des débats idéologiques « pour ou contre les robots », quand la nature de l'enjeu est sociétale.

Que faire ?

Nous proposons de créer les conditions d'une appropriation par les acteurs de terrain des problématiques liées à l'évolution des compétences industrielles face à l'introduction du numérique, en favorisant l'émergence de coopérations entre ces acteurs à partir de sites pilotes. Ce projet peut aboutir à la création d'un réseau social franco-allemand dédié à cette thématique et à un travail, tant prospectif qu'opérationnel, avec pour finalité de mener une réflexion conjointe sur l'identification des nouveaux cursus de formation à mettre en place, le traitement des questions de flexibilité associée au numérique ou encore les conséquences du décloisonnement entre vie professionnelle et vie personnelle, et l'évolution du contrat de travail.

Une coopération entre diverses instances – entreprises, fédérations professionnelles, Éducation nationale (cf. mission Monteil[4]), instituts dédiés à l'enseignement supérieur et à la recherche pour l'innovation dans les domaines de l'ingénierie (cf. l'Académie franco-allemande pour l'industrie du futur créée officiellement le 27 octobre 2015 par l'Institut Mines-Télécom et la Technische Universität München), universités, écoles d'ingénieurs, d'informaticiens, de gestion, de sciences sociales – sera un prérequis pour favoriser une démarche de construction collective et de *change management* qui va traverser toute l'industrie. Les acteurs de terrain étant les plus à même d'identifier les changements en cours, il est essentiel de les rendre à la fois auteurs, acteurs et promoteurs de cette démarche.

S'inscrire dans une dynamique de projets, c'est également permettre que cette thématique puisse être appropriable par l'ensemble des acteurs de la société civile et dépasse le seul périmètre des acteurs impliqués dans l'Alliance pour l'Industrie du futur.

La compétitivité se gagne aussi sur le champ des compétences et des savoir-faire ! Établir une démarche transversale dédiée à la transformation numérique entre le monde des entreprises et de la recherche, à l'instar de ce qui existe déjà en Allemagne, sera un facteur clé de succès.

4   Jean-Marc Monteil a été nommé en mars 2015 à la tête d'une mission pour la définition et l'impulsion de la nouvelle politique numérique de l'Éducation nationale.

5 Concevoir l'Industrie du futur comme un projet de transformation d'envergure nationale et européenne

La question de la compétitivité en France est abordée de manière récurrente sous l'angle des coûts, de la réduction des charges et de la montée en gamme. C'est une dimension essentielle, mais elle ne permettra pas aux entreprises de prendre le virage du numérique. La transformation numérique fait appel à de tout autres logiques organisationnelles et gestionnaires que celles qui prévalent dans un schéma de réduction des coûts. Ce dernier maintient l'entreprise dans une posture défensive de son positionnement concurrentiel et la rend aveugle par rapport au déplacement de la création de valeur.

La transformation numérique représente une chance exceptionnelle pour se saisir différemment de la question de la compétitivité. Pour cela, concevons ce projet en laissant de côté les termes de « préservation », « rattrapage » ou « sauvegarde », tout en lui impulsant la dynamique d'un projet de conduite du changement et en tirant tous les enseignements possibles de la stratégie Industrie 4.0.

En prenant du recul sur les dix années écoulées, Industrie 4.0 s'apparente à un projet de transformation comme ceux que les chefs d'entreprise ont l'habitude de déployer au sein de leur société.

Figure 33 – Industrie 4.0 : un projet de transformation de niveau national

Source : © Conception et réalisation KOHLER Consulting & Coaching (2016) – Industrie 4.0.

Celui-ci est d'envergure nationale avec 5 grandes phases :

- Une phase de diagnostic : des analyses stratégiques SWOT, des enquêtes auprès du *Mittelstand*.
- Une mobilisation d'un premier cercle d'acteurs au sein de l'Union pour la recherche, qui réunit les mondes de l'économie et de la recherche, la création de la première plateforme, le lancement des appels à projets, les ajustements, la priorisation, la création de la deuxième plateforme.
- L'écriture d'une vision industrielle transversale par un petit groupe de leaders. Ils racontent une histoire compréhensible par tous.
- La définition d'une feuille de route pour la recherche, la standardisation…
- Et le déploiement : construction de démonstrateurs, cadrage de cursus de formation professionnelle, production de guide-diagnostic à destination des PME-ETI…, création d'une base de données de *use cases* (cas concrets d'application).

Avec, en transversal, un souci constant de communication.

Que faire ?

Un certain nombre de ces étapes ont déjà été réalisées en France, en particulier à un rythme très soutenu sous l'impulsion d'Emmanuel Macron, ministre de l'Économie, de l'Industrie et du Numérique durant l'année 2015, en priorisant le nombre des projets de la Nouvelle France Industrielle. Notre proposition ici est très simple. Elle consiste à penser le projet de l'Industrie du futur non pas comme celui de l'État, mais comme celui d'une entreprise industrielle qui voudrait prendre le tournant du numérique, avec les exigences méthodologiques que cela implique : diagnostic, partage de l'état des lieux avec les parties prenantes en local, innovation ascendante avec mobilisation du terrain pour définir les objectifs du projet et identifier des priorités d'action, formalisation collective de la finalité du projet, identification des facteurs clés de succès et des risques, indicateurs de succès, agenda stratégique, communication sur la cible à atteindre, groupes miroirs pour garantir des « boucles de feedbacks » sur les opérations lancées, points d'étape, évaluations, communication avec les parties prenantes sur les avancées et actions correctrices à mener.

Sans oublier la dimension benchmark à l'international. Dans le cadre de notre travail de terrain, une très grande partie de nos interlocuteurs, conscients des opportunités de complémentarités industrielles entre la France et l'Allemagne, ont insisté sur la nécessité de dépasser l'échelle nationale, de mutualiser les expériences et de renforcer l'axe franco-allemand dans le cadre du projet européen Horizon 2020.

Remerciements

Nous tenons à remercier très chaleureusement nos nombreux interlocuteurs allemands qui, malgré des agendas très denses, nous ont consacré un temps précieux. Nos entretiens ont duré entre 2 et 4 heures, et ont permis de nourrir une réflexion approfondie et inédite sur le sujet.

Nous avons été frappés au cours de nos interviews par l'étonnante accessibilité de nos différents interlocuteurs, par leur écoute attentive et leur envie de débattre face à nos questions insistantes en attente de solutions. Nous avons également apprécié leur esprit d'ouverture et de coopération amicale, ayant notamment eu la chance d'assister à une séance de travail interne de l'Académie des technologies (Acatech) à l'initiative du Prof. Dr. Rainer Anderl. À plusieurs reprises, nous avons eu l'opportunité d'échanger avec Ingo Ruhmann, conseiller spécial sur les systèmes IT au ministère de la Recherche et de la Formation, et avec Dr. Olaf Sauer ainsi que Dr. Thomas Usländer, du Fraunhofer ISOB.

Ils nous ont accompagnés dans nos réflexions sur la construction de passerelles franco-allemandes avec le désir non dissimulé d'y contribuer activement. Ces différentes explorations menées dans l'Industrie 4.0 ont constitué une source d'inspiration, d'énergie et d'optimisme.

Nous souhaitons exprimer toute notre gratitude à Soazig Preteseille-Taillardat qui, au début de notre recherche, nous a apporté son aide très concrète.

Nous adressons également nos vifs remerciements à Bpifrance, à Nicolas Dufourcq et à Jean-Yves Gilet qui nous ont en premier accordé leur confiance pour réaliser une étude en 2015 sur la diffusion de l'Industrie 4.0 dans le *Mittelstand*. Cette première étude a été diffusée à l'occasion des « Rencontres ETI 2020 » organisées par Bpifrance en octobre 2015. Nos remerciements vont également à Philippe Mutricy et à Élise Tissier pour leur enthousiasme immédiat sur ce thème stratégique et pour leur soutien.

Nous tenons à remercier La Fabrique de l'industrie, en particulier Louis Gallois et Denis Ranque qui, très tôt, nous ont encouragés à persister dans nos travaux sur l'Industrie 4.0. Merci également à Thierry Weil, directeur général de La Fabrique de l'industrie, pour ses relectures de nos versions successives et ses commentaires sans concession, et, au sein de l'équipe de La Fabrique de l'industrie, un merci tout particulier à Vincent Charlet et à Thibaut Bidet-Mayer pour leurs observations constructives.

Nous sommes très heureux que La Fabrique de l'industrie ait décidé d'encourager ce premier ouvrage sur l'Industrie 4.0 en prenant en charge les frais d'édition.

Nous assumons l'entière responsabilité des thèses énoncées dans ce livre.

Liste des interlocuteurs

- Prof. Dr-Ing. Reiner ANDERL, Fachgebietsleiter, Fachgebiet Datenverarbeitung in der Konstruktion, Technische Universität Darmstadt.

- Stefanie BAUMANN, Wissenschaftliche Referentin, Acatech, Berlin.

- Judith BINZER, Forum Industrie 4.0, VDMA, Frankfurt.

- Simon COLAS, Festo, Bry-sur-Marne.

- Daniel ECKELT, M.Sc., wissenschaftlicher Mitarbeiter in der Fachgruppe Strategische Produktplanung und Systems Engineering, Heinz-Nixdorf Institut, Universität Paderborn, Paderborn.

- Dieter FAUDE, Geschäftsführer, Faude, Gärtringen.

- Christian FISCHER, Unternehmensregister, Tourismus und Verkehr, Außenhandel, Statistisches Landesamt Baden-Württemberg, Stuttgart.

- Stefanie FISCHER, M.Sc., Wissenschaftliche Mitarbeiterin und Leiterin PR & Marketing, Smart Factory^{KL}, Kaiserslautern.

- Hr. FRANKE, Sachbearbeiter Kompetenzzentren, Bundesministerium für Wirtschaft und Energie, Berlin.

- Dr. Stefan GERLACH, CPS in Lean Production, Fraunhofer IAO, Stuttgart.

- Dr. Andreas GOERDELER, Ministerialdirigent, Unterabteilungsleiter « Digitale Agenda, Digitale Medien », Bundesministerium für Wirtschaft und Energie, Berlin.

- Dipl.-VWA Klaus-Dieter GRÜNDEL, Koordination und Förderung der Außenwirtschaft, Ministerium für Wirtschaft, Energie, Industrie, Mittelstand und Handwerk des Landes Nordrhein-Westfalen, Düsseldorf.

- Dr.-Ing. Michael HAAG, Leiter Research & Development, Mitglied des Management Teams, KUKA Roboter GmbH, Augsburg.

- Frank HANST, Geschäftsbereich Statistik, IT.NRW, Düsseldorf.

- Heinz-Peter HAUPTMANNS, Produktmanager Automatisierung, Schneider Electric, Ratingen.

- Henning HEHEMANN, Referent Digitale Wirtschaft, Ministerium für Wirtschaft, Energie, Industrie, Mittelstand und Handwerk des Landes Nordrhein-Westfalen, Düsseldorf.

- Sascha HEYMANN, B.Sc., Wissenschaftlicher Mitarbeiter, Fraunhofer IOSB-INA, Lemgo.

- Joachim HÖRNLE, Geschäftsführer, Blue Elephant Systems, Stuttgart.

- Dipl.-Wirt.-Ing. Ralph JESCHABEK, Produktmarketing, ALMIG, Köngen.

- Dipl.-Ing. Bernd KÄRCHER, Abteilungsleiter mechatronische Komponenten, Industrie 4.0, Festo, Esslingen.

- Dr. Christian KELLERMANN-LANGHAGEN, Referent Forschung und Entwicklung, Abteilung Forschung, Berufsbildung, Fertigungstechnik, ZVEI, Frankfurt am Main.

- Prof. Dr. Tobias KOLLMANN, Beauftragter für die Digitale Wirtschaft NRW, Ministerium für Wirtschaft, Energie, Industrie, Mittelstand und Handwerk des Landes Nordrhein-Westfalen, Düsseldorf.

- Günter KORDER, Geschäftsführer, It's OWL, Paderborn.

- Dr. Simone Koslowski, Grundsatzfragen der Branchen-und Industriepolitik, Ministerium für Wirtschaft, Energie, Industrie, Mittelstand und Handwerk des Landes Nordrhein-Westfalen, Düsseldorf.

- Klaus Kronberger, Geschäftsführer, Adiro, Esslingen.

- Dr. Constanze Kurz, Ressortleiterin « Zukunft der Arbeit », Vorstand IG Metall, Frankfurt.

- Thomas Lacker, Geschäftsführer, Introbest, Fellbach.

- Dr. Chengguang Li, Projektleiter Internationalisierung, It's OWL, Paderborn.

- Dr. Vivien Lo, Abteilungsdirektorin Mittelstand und Wettbewerbsfähigkeit, KfW, Frankfurt.

- Benedikt Lücke, B.Sc., Wissenschaftlicher Mitarbeiter, Fraunhofer IOSB-INA, Lemgo.

- Dr. Jan Stefan Michels, Leiter Standard– und Technologieentwicklung, Weidmüller, Detmold.

- Dipl.-Ing. Wolfgang Neifer, Business Development, WIBU, Karlsruhe.

- Stefan Pannenberg, Solution Architect, Blue Elephant Systems, Stuttgart.

- Michael Püschner, Referent Henning Kagermann, Acatech, Berlin.

- Dr. Gisela Philipsenburg, Referatsleiterin Referat 111, Grundsatzfragen der Innovationspolitik, Bundesministerium für Bildung und Forschung, Berlin.

- Prof. Dr. habil. Sabine Pfeiffer, Lehrstuhl für Soziologie, Universität Hohenheim, Stuttgart.

- Dipl.-Wirt.-Ing. Christian Rau, Product Marketing, ALMIG, Köngen.

- Jörg Rodehutskors, Technologietransfer, IHK Ostwestfalen, Bielefeld.

- Ingo Ruhmann, expert au sein du BMBF des questions liées à la politique de recherche, aux impacts des technologies, à la sécurité informatique et à la protection des données, Referat IT-Systeme, Bundesministerium für Forschung und Bildung, Berlin.

- Dr.-Ing. Olaf Sauer, Stellvertreter des Institutsleiters, Geschäftsfeld Automatisierung, Fraunhofer IOSB, Karlsruhe.

- Dr. Christian Schröder, Forscher, Institut für Mittelstandsforschung, Bonn.

- Siegfried Schwering, Manager Business Development, Industrial Enduser & Infrastructure, Schneider Electric, Ratingen.

- Veronika Stumpf, Wissenschaftliche Referentin Technologien, Acatech, Berlin.

- Dr. Alexander Tettenborn, Ministerialrat, Leiter des Referats « Entwicklung digitaler Technologien », Bundesministerium für Wirtschaft und Energie, Berlin.

- Dr.-Ing. Volker Tippmann, Deutsch-französische Projekte, Fraunhofer Zentrale, Paris.

- Dr.-Ing. Thomas Usländer, Abteilungsleiter Informationsmanagement und Leittechnik, Fraunhofer IOSB, Karlsruhe.

- Karl-Ernst Vathauer, Geschäftsführer, MSF Vathauer, Detmold.

- Thomas Wendland, Referatsleiter Technologie und Innovation, IHK Aachen, Aachen.

- Dr. Christoph Zanker, Allianz 4.0, VDMA Baden-Württemberg, Stuttgart.

- Steffen Zinke, Sachbearbeiter ZIM, Bundesministerium für Wirtschaft und Energie, Berlin.

- Prof. Dr.-Ing. Dr.h.c. Detlef Zühlke, Wissenschaftlicher Direktor Innovative Fabriksysteme (IFS) Kaiserslautern.

Bibliographie

Académie des technologies (2014), *La Renaissance de l'industrie*, rapport, Paris, EDP Sciences, 108 p.

Acatech (2015), Smart Service Welt. Umsetzungsempfehlungen für das Zukunftsprojekt Internetbasierte Dienste für die Wirtschaft, mars, 188 p.

Acatech, Forschungsunion (2013), Umsetzungsempfehlungen für das Zukunftsprojekt Industrie 4.0: Abschlussbericht des Arbeitskreises Industrie 4.0, avril, 112 p.

Accenture (2014), Neue Geschäfte, neue Wettbewerber. Die Top500 vor der digitalen Herausforderung, 20 p.

Achatz Reinhold (2014), « Industrie 4.0 – The Fourth Industrial Revolution at ThyssenKrupp », présentation au congrès « Industrie 4.0 », Amberg, 3 décembre.

Agiplan, Fraunhofer IML, ZENIT (2015), Erschließen der Anwendungspotenziale von "Industrie 4.0" im Mittelstand: Studie im Auftrag des BMWi, juin, 400 p.

Allianz Industrie 4.0 Baden-Württemberg (2015), *Allianzvereinbarung*, mars, http://mfw.baden-wuerttemberg.de/fileadmin/redaktion/m-mfw/intern/Dateien/Downloads/Industrie_und_Innovation/Vereinbarung_der_Allianz_Industrie_4.0_BW.pdf

Ampere (2015), « Alles ist Software. Software nicht alles », *ZVEI Magazin*, janvier, 45 p.

Anderl Reiner (2015), « Industrie 4.0 – Forschungsprofil und Kooperation zwischen Wissenschaft, Verbänden und Industrie », présentation, 9 janvier.

Anderl Reiner (2015), « Übersicht Modellfabriken in Deutschland », présentation, 10 février.

Arbeitskreis Industrie 4.0 (2012), *Deutschlands Zukunft als Produktionsstandort sichern, Umsetzungsempfehlungen für das Zukunftsprojekt Industrie 4.0*, Abschlussbericht des Arbeitskreises Industrie 4.0, Vorabversion, Berlin 2, octobre, 72 p.

Astolfi Charles-Pierre, Constantin Emmanuel, Moulet Antoine (2016), *Fabrication additive – Mobiliser les forces françaises* (document de la Fabrique de l'industrie, septembre 2015, 79 p.), Paris, Presses des Mines.

Bainbridge Lisanne (1983), « Ironies of Automation », *Automatica*, vol. 19, n° 6, p. 775-779.

Bauernhansl Thomas, Ten Hompel Michael, Vogel-Heuser Birgit (2014), *Industrie 4.0 in Produktion, Automatisierung und Logistik: Anwendung – Technologien – Migration*, Wiesbaden, Springer, 648 p.

Bidet-Mayer Thibaut (2016), « L'industrie du futur à travers le monde », Les Synthèses de La Fabrique, mars.

Bitkom, Fraunhofer IAO (2014), Industrie 4.0 – Volkswirtschaftliches Potenzial für Deutschland, 43 p.

Bourdoncle François (2015), « La révolution big data », *in* Veltz Pierre, Weil Thierry (dir.), *L'Industrie, notre avenir*, Paris, Eyrolles, p. 64-71.

Botthof Alfons, Bovenschult Marc (2009), « Internet der Dinge. Die Informatisierung der Arbeitswelt », étude commissionnée par le DGB, l'IG Metall, ver. di et le VDI/VDE, et publiée par la Hans-Böckler-Stiftung.

Bpifrance – Le Lab (2015), *Le Numérique déroutant*, 99 p.

Brynjolfsson Erik, McAfee Andrew (2014), *The Second Machine Age*, New York, W.W. Norton & Company, 306 p.

Bundesamt für Sicherheit in der Informationstechnik (2014), *Die Lage der IT-Sicherheit in Deutschland 2014*, décembre, 43 p.

Bundesministerium für Bildung und Forschung (2014), *Industrie 4.0. Innovationen für die Produktion von morgen*, p. 151.

Bundesministerium für Bildung und Forschung (2014), Förderbekanntmachung Industrie 4.0 – Forschung auf den betrieblichen Hallenboden, juin.

Bundesministerium für Wirtschaft und Energie (2010), *In focus – Germany as a Competitive Industry Nation*, octobre, 36 p.

Bundesministerium für Wirtschaft und Energie (2014), *Zukunft der Arbeit in Industrie 4.0*, mai, 77 p.

Bundesministerium für Wirtschaft und Energie (2014), *Aufruf zur Gründung: Bündnis "Zukunft der Industrie"*, novembre, 7 p.

Bundesministerium für Wirtschaft und Energie (2015), *Autonomik für Industrie 4.0*, mars.

Bundesministerium für Wirtschaft und Energie (2015), Industrie 4.0. Volks– und betriebswirtschaftliche Faktoren für den Standort Deutschland, avril, p. 54.

Bundesministerium für Wirtschaft und Energie (2015 a), Industrie 4.0 und Digitale Wirtschaft : Impulse für Wachstum, Beschäftigung und Innovation, avril, p. 28.

Bundesministerium für Wirtschaft und Energie (2015), *Förderbekanntmachung Mittelstand 4.0*, juin, https://www.mittelstand-digital.de/DE/mittelstand-digital,did=717180.html

Bundesministerium für Wirtschaft und Energie (2015), Erschließen der Potenziale der Anwendung von Industrie 4.0 im Mittelstand, juin, 386 p.

Bundesregierung (2013), Deutschlands Zukunft gestalten: Koalitionsvertrag zwischen CDU, CSU und SPD, novembre, 134 p.

Christensen Clayton (1997), *The Innovator's Dilemma*, Harvard Business Review Press, 179 p.

Colin Nicolas, Verdier Henri (2015), *L'Âge de la multitude*, 2e édition, Paris, Armand Colin, 302 p.

Debonneuil Michèle, Encaoua David (2014), « Innovations contemporaines : contre-performances ou étape transitoire ? », *Revue française d'économie*, no 29 (2), p. 1-31.

DEKRA (2015), Arbeitsmarktreport 2015, 36 p.

Deloitte (2013), Digitalisierung im Mittelstand, 31 p.

Deutscher Industrie– und Handelskammertag (2015), *Wirtschaft 4.0: Große Chancen, viel zu tun*, février, 19 p.

DZ Bank, Gfk Enigma (2014), Umfrage in mittelständischen Unternehmen Digitalisierung – Bedeutung für den Mittelstand, juin-août, 40 p.

Encaoua David (2014), « Les objets connectés – Transition vers un nouveau modèle de société ? » JECO, Lyon, 14 novembre, session « Les objets connectés », 9 p.

Elsberg Marc (2013), *Blackout*, Munich, Blanvalet, 800 p. (parution en français [2015], Paris, éditions Piranha).

Executive Office of the President, President's Council of Advisors on Science and Technology (2014), *Report to the President Accelerating U.S. Advanced Manufacturing*, octobre, 108 p.

ExzellenzNRW (2013), Cyber-physical systems in der Produktion. Nordrhein-Westfalen auf dem Weg zum digitalen Industrieland, novembre, 32 p.

Forschungsunion (2012), Im Fokus: Das Zukunftsprojekt Industrie 4.0. Handlungsempfehlungen zur Umsetzung, 47 p.

Forschungsunion, Acatech (2013), Umsetzungsempfehlungen für das Zukunftsprojekt Industrie 4.0.

Sauer Olaf (2014), « Industry 4.0: Information technology for the factory of the future », présentation du Fraunhofer IOSB à Séoul, 23 juillet, 25 p.

Fraunhofer IPA (2014), Strukturstudie: Industrie 4.0 für Baden-Württemberg, avril, 55 p.

Fraunhofer IPA, Dr. Wieselhuber & Partner GmbH (2015), Geschäftsmodell-Innovation durch Industrie 4.0. Chancen und Risiken für den Maschinen– und Anlagenbau, mars, 44 p.

Freudenberg IT, Pierre Audoin Consulting (2014), *IT Innovation Readiness Index*.

Frey C., Osborne M. (2013), *The Future of Employment: how susceptible are jobs to computerization?*, Oxford, Working Paper Oxford Martin School, 72 p.

Geisberger Eva, Broy Manfred (2012), *AgendaCPS: Integrierte Forschungsagenda cyberphysical systems*, Acatech Studie, Wiesbaden, Springer, p. 294.

Gimélec (2013), Industrie 4.0. L'usine connectée, 63 p.

Gimélec (2014), Industrie 4.0. Les leviers de la transformation, 80 p.

Gordon Robert J. (2014), The Demise of U.S. Economic Growth: Restatement, Rebuttal, and Reflections, NBER Working Paper no 19895, février.

Greffier Alain, Mercier Franck (2015), « Industrie 4.0 : slogan marketing ou vraie révolution industrielle ? », intervention au séminaire ressources technologiques et innovation de l'École de Paris du management, séance du 12 février, compte rendu.

Hannover Messe (2015), *Besucherguide Industrie 4.0*, 101 p.

Hartmann Ernst, Bovenschulte Marc (2013), « Skills Needs Analysis for Industry 4.0 Based on Roadmaps for Smart Systems », *in* Skolkovo Moscow School of Management & International Labour Organization (dir.), *Using Technology Foresights for Identifying Future Skills Needs*, Global Workshop Proceedings, Moscou, p. 24-36.

Heßler Martina (2014), « Die Halle 54 bei Volkswagen und die Grenzen der Automatisierung. Überlegungen zum Mensch-Maschine-Verhältnis in der industriellen Produktion der 1980er-Jahre », *Studies in Contemporary History*, novembre, p. 56-76.

IAB (2015), Industrie 4.0 und die Folgen für Arbeitsmarkt und Wirtschaft, IAB-Forschungsbericht 8/2015, 48 p.

IFR Statistical Department (2014), World Robotics: Industrial Robots 2014.

IG Metall (2014), « Beschäftigtenbefragung ».

It's OWL (2014), Auf dem Weg zu industrie 4.0: Lösungen aus dem Spitzencluster It's OWL, 23 p.

It's OWL (2015), *Wie die Intelligenz in die Maschine kommt*, http://www.its-owl.de/filead-min/PDF/Informationsmaterialien/2013-its_OWL_Informationsbroschuere_RGB.pdf, 34 p.

Jullien François (2009), *Conférence sur l'efficacité*, Paris, PUF, 92 p.

KfW (2014), *KfW Mittelstandspanel 2014*, octobre, 15 p.

Kohler Dorothée (1995), « Berlin, capitale industrielle », *in* Damette Félix *et al.*, Berlin-Paris, ministère de l'Équipement et des Transports, p. 59-86.

Kohler Dorothée, Weisz Jean-Daniel (2012), *Pour un nouveau regard sur le* Mittelstand, Rapport au Fonds stratégique d'investissement, Paris, La Documentation française, 128 p.

Kohler Dorothée, Weisz Jean-Daniel (2014), « ETI 2020, trajectoires de croissance », livret conçu et réalisé pour Bpifrance par KOHLER C&C.

Kohler Dorothée, Weisz Jean-Daniel (2015), Industrie 4.0 : quelles stratégies numériques ? La numérisation de l'industrie dans les entreprises du Mittelstand allemand, note réalisée pour Bpifrance, 67 p.

Kohler Dorothée (2015), « Anatomie des "modèles" industriels », *in* Pierre Veltz et Thierry Weil (dir.), *L'industrie, notre avenir*, Paris, Eyrolles, p. 286-293.

Labrousse Agnès, Weisz Jean-Daniel (2001), *Institutional Economics in France and Germany – German Ordoliberalism versus the French Regulation School*, Springer Verlag.

Leenhardt Jacques, Picht Robert (dir.) (1997), Au jardin des malentendus. Le commerce franco-allemand des idées, Paris, Babel.

Lemoine Philippe (2014), La Nouvelle Grammaire du succès. La transformation numérique de l'économie française, rapport au gouvernement, 325 p.

McKinsey (2013), Industrie 2.0. Jouer la rupture pour une Renaissance de l'industrie française, 61 p.

McKinsey (2013), Disruptive Technologies: Advances that will transform life, business, and the global economy, mai, 176 p.

McKinsey & VDMA (2014), Zukunftsperspektive deutscher Maschinenbau. Erfolgreich in einem dynamischen Umfeld agieren, juillet, 82 p.

MHP (2014), Studie Industrie 4.0 – Eine Standortbestimmung der Automobil– und Fertigungsindustrie, Zusammenfassung, 11 p.

Ministère du Redressement Productif (2013), *La Nouvelle France industrielle*, 73 p.

Pfeiffer Sabine, Suphan Anne (2015), *Der AV-Index. Lebendiges Arbeitsvermögen und Erfahrung als Ressourcen auf dem Weg zu Industrie 4.0*, Working Paper 2015, n° 1 (draft v1.0 vom 13.04.2015), Universität Hohenheim, Fg. Soziologie.

Piller Frank (2014), « Innovation 4.0: Neue Paradigmen für die Produkt– und Geschäftsmodellentwicklung », présentation au congrès « Industrie 4.0 » à Amberg, 3 décembre.

Plattform Industrie 4.0 (2015), Neue Chancen für unsere Produktion – 17 Thesen des wissenschaftlichen Beirats der Plattform Industrie 4.0, 8 p.

Plattform Industrie 4.0 (2015), Umsetzungsstrategie Industrie 4.0: Ergebnisbericht der Plattform Industrie 4.0, Bitkom/VDMA/ZVEI, avril, 96 p.

Porter Michael, Heppelmann James E. (2014), « Wie smarte Produkte den Wettbewerb verändern », *Harvard Business Review*, décembre, p. 35-60.

PwC (2014), Industrie 4.0. Chancen und Herausforderungen der vierten industriellen Revolution, octobre, 50 p.

Roland Berger (2014), L'Aventure numérique, une chance pour la France, septembre, 71 p.

Roland Berger (2014), Les Classes moyennes face à la transformation digitale, octobre, 25 p.

Roland Berger, Cap Digital (2014), Du rattrapage à la transformation. L'aventure numérique, une chance pour la France, septembre, 71 p.

Roland Berger, Bund der deutschen Industrie (2015), *The Digital Transformation of Industry*, mars, 52 p.

Schröder Christian (2015), Auf dem Weg zur vernetzten Wertschöpfung: Existiert eine Digitalisierungslücke im deutschen Mittelstand?, Institut für Mittelstandsforschung, mai, 15 p.

Schuh Günther (2015), « Steigerung der Kollaborationsproduktivität in cyber-physischen Systemen », présentation au congrès « Industrie 4.0 », Amberg, 3 décembre 2014.

Senatsverwaltung für Wirtschaft, Technologie und Forschung (2013), *Innovations– und Kreativlabs in Berlin – eine Bestandsaufnahme*, 116 p.

Smart Factory[KL] (2015), *Fortschritt im Netzwerk: Die Industrie 4.0-Anlage von Smart Factory[KL]*, avril, http://www.i40.de/fortschritt-im-netzwerk-die-industrie-4-0-anlage-von-smartfactory-kl

Spath Dieter (dir.) (2011), *Produktionsarbeit der Zukunft*, Fraunhofer IAO, Fraunhofer Verlag, 155 p.

Steegmüller Dieter, Zürn Michael (2014), « Wandlungsfähige Produktionssysteme für den Automobilbau der Zukunft », *in* Bauernhansl, Thomas, Ten Hompel, Michael, Vogel-Heuser, Birgit (dir.), *Industrie 4.0 in Produktion, Automatisierung und Logistik: Anwendung – Technologien – Migration*, Wiesbaden, Springer, p. 103-119.

Veltz Pierre (2015), «Vers le monde hyper industriel », *in* Pierre Veltz et Thierry Weil (dir.), *L'Industrie, notre avenir*, Paris, Eyrolles.

Veltz Pierre, Weil Thierry (2015), *L'Industrie, notre avenir,* Paris, Eyrolles, 327 p.

VDI/VDE-Gesellschaft (2014), Statusreport Industrie 4.0 : CPS -basierte Automation. Forschungsbedarf anhand konkreter Fallbeispiel, juillet, 15 p.

VDMA (2015), Industrie 4.0 konkret – Lösungen für die industrielle Praxis, avril, 40 p.

Weisz Jean-Daniel (2015), « Allemagne : un nouveau modèle ? », *in* Pierre Veltz et Thierry Weil (dir.), *L'industrie, notre avenir*, Paris, Eyrolles, p. 238-248.

Wirtschaftsrat der CDU (2014), Fortschritt durch Digitalisierung: Chancen für den Mittelstand, mars, 14 p.

Wischmann Steffen (2015), « Arbeitssystemgestaltung im Spannungsfeld zwischen Organisation und Mensch-Technik-Interaktion – das Beispiel Robotik », *in* Alfons Botthof, Ernst Hartmann, *Zukunft der Arbeit in Industrie 4.0*, p. 72-77.

ZEW (2015), Übertragung der Studie von Frey/Osborne (2013), Auf Deutschland, Bericht an das Bundesministerium für Arbeit und Soziales, 50 p.

Articles de presse

BBC (2014), « "Internet of things" to get £45m funding boost », http://www.bbc.com/news/business-26504696

Dancette Michel (2015), « À quoi ressemblera l'usine du futur ? », *Le Journal de l'École de Paris,* mars-avril, p. 15-22.

Die Welt (2015), « So verändert die Digitalisierung die Ausbildung », 28 août.

Dupont-Calbo Julien (2014), « Il faut plus de robots dans toutes les usines », *Les Échos*, 28 octobre, p. 12.

Henno Jacques (2013), « L'usine nouvelle, révolution industrielle », *Les Échos*, 8 octobre, p. 12.

Handelsblatt (2014), « Auslagerung der IT an IBM soll Millionen einsparen », 22 octobre.

Kagermann Henning, Lukas Wolf-Dieter, Wahlster Wolfgang (2011), « Industrie 4.0: Mit dem Internet der Dinge auf dem Weg zur 4. industriellen Revolution », *VDI-Nachrichten*, 1er avril.

Kagermann Henning, Lukas Wolf-Dieter, Wahlster Wolfgang (2015), « Abschotten ist keine Alternative », *VDI-Nachrichten*, 17 avril.

Kohler Dorothée, Weisz Jean-Daniel (2014), « La France doit s'inspirer du projet Industrie 4.0 allemand », *Le Monde*, 14 novembre.

Lacour Jean-Philippe (2014), « L'industrie allemande met le cap sur l'usine digitale », *Les Échos*, 11 avril, p. 21.

Niedercorn Frank (2014), « La lente marche des robots vers les PME », *Les Échos*, 4 mars, p. 23.

Niedercorn Frank (2014), « Les robots auront un impact sur la société », *Les Échos*, 18 mars, p. 12.

Preuß Suzanne (2007), « Fertigungsprozesse wandeln sich: warum ein Paketdienst gerne auch Autositze baut und sich trotzdem treu bleibt », *Frankfurter Allgemeine Zeitung*, 19 octobre.

Rousset Alain (2013), « Bâtissons l'usine du futur pour retrouver la croissance », *Les Échos*, 9 décembre, p. 12.

Vittori Jean-Marc (2013), « Big data, troisième étape de la révolution de l'information », *Les Échos*, 27 novembre, p. 7.

Vittori Jean-Marc (2014), « Les promesses et les défis de l'économie éclatée », *Les Échos*, 17 novembre, p. 11.

Vittori Jean-Marc (2015), « Les robots contre l'emploi », *Les Échos*, 7 mai, p. 10.

Entretien avec Emmanuel Macron (2015) : « Nous avons défini une doctrine de l'État actionnaire », *L'Usine Nouvelle*, no 3424, mai, p. 25-31.

Entretien avec Frédéric Sanchez (2014) : « L'usine de futur à la française, du jamais vu », *L'Usine Nouvelle*, no 3370, mars, p. 38-41.

« Industrie 4.0. Comment le numérique change tout dans votre entreprise », *L'Usine Nouvelle*, no 3342, septembre 2013.

« Les usines du futur sont déjà là… », *L'Usine Nouvelle*, no 3416, mars 2014.

Lexique des termes techniques

Advanced Manufacturing : utilisation des technologies innovantes et notamment des technologies de l'information et de la communication (logiciel, automatisation, capteurs…) et des technologies des matériaux (chimie, nanotechnologies…) pour améliorer le fonctionnement des processus et la qualité des produits.

Architecture de référence : cadre global, à la fois méthode et grille commune, proposant une base unique pour la description et la définition de spécifications liées à l'Industrie 4.0.

Chaîne de valeur : découpage des activités de l'entreprise en activités de base articulant les processus de création de valeur (opérations, logistique, marketing, commercial…) et en activités support (ressources humaines, systèmes d'information, finance…).

Cloud computing : utilisation de serveurs basés dans l'internet pour le stockage et l'analyse de données.

Cobotique : collaboration de l'homme et d'un système robotique souvent destiné à suppléer l'humain dans des tâches difficiles.

Cybersécurité : protection des données contre les cyberattaques.

ERP (Enterprise Resource Planning) : progiciel de gestion intégré (PGI), c'est-à-dire un système informatique de gestion regroupant différents modules correspondant aux activités de la société.

Internet des objets : communication entre objets connectés sur internet et mise en relation d'objets physiques avec une représentation virtuelle sur internet.

Interopérabilité : capacité de systèmes hétérogènes et d'origines différentes à communiquer et à travailler de concert, sans avoir besoin de l'appui d'interfaces dédiées.

Maintenance prédictive : maintenance conditionnelle réalisée sur la base de données machines permettant, grâce à une intervention anticipée, d'éviter la panne.

MES (Manufacturing Executing System) : système informatique directement lié au pilotage et au contrôle de la production.

Modularité : constitution d'une chaîne de fabrication à partir d'éléments individuels interchangeables permettant de s'adapter à la production de petites séries.

OPC UA (OPC Unified Architecture) : standard destiné à l'échange de données dans le périmètre de la production.

RFID (Radio Frequency IDentification) : identification par fréquence radio.

Série de taille 1 : capacité à produire un bien individualisé au même coût qu'un bien standardisé.

Smart Factory : usine intelligente où les équipements et les systèmes de pilotage sont construits de manière décentralisée et se pilotent de manière autonome.

SWOT (Strengths, Weaknesses, Opportunites, Threats) : outil d'analyse stratégique de l'entreprise et de son environnement concurrentiel.

Système cyber-physique : ensemble formé par des systèmes embarqués, des processus de production, logistiques d'ingénierie, de coordination et de management, tout comme des services internet qui utilisent des capteurs pour récupérer des données et qui agissent sur des processus physiques au moyen d'actionneurs. Ils sont connectés les uns aux autres *via* des réseaux digitaux, utilisent toutes données et services disponibles mondialement, et bénéficient d'interfaces hommes-machines multimodales.

Test Bed : banc d'essais.

Lexique des acronymes

3D : représentation graphique en 3 dimensions.

Acatech (Deutsche Akademie der Technikwissenschaften) : Académie allemande des sciences techniques.

API (Application Programming Interface) : interface de programmation.

BFR : besoin en fonds de roulement.

BIBB (Bundesinstitut für Berufsbildung) : Institut fédéral pour la formation professionnelle.

Bitkom (Bundesverband Informationswirtschaft, Telekommunikation und neue Medien) : Fédération de l'économie, de l'information, des télécommunications et des nouveaux médias, équivalent allemand du Syntec.

BMAS (Bundesministerium für Arbeit und Soziales) : ministère fédéral du Travail et des Affaires sociales.

BMBF (Bundesministerium für Bildung und Forschung) : ministère fédéral de la Formation et de la Recherche.

BMI (Bundesministerium des Innern) : ministère de l'Intérieur.

BMJ (Bundesministerium der Justiz) : ministère de la Justice.

BMVI (Bundesministeriums für Verkehr und digitale Infrastruktur) : ministère des Transports et de l'Infrastructure digitale.

BMWi (Bundesministerium für Wirtschaft und Energie) : ministère de l'Économie et de l'Énergie.

CDU (Christlich-demokratische Union Deutschlands) : parti chrétien-democrate.

CRM (Customer Relationship Management) : gestion de la relation client.

DFKI (Deutsches Forschungszentrum für künstliche Intelligenz) : Centre de recherche allemand pour l'intelligence artificielle.

DIN (Deutsches Institut für Normung) : Institut allemand pour la normalisation.

DKE (Deutsche Kommission Elektrotechnik Elektronik Informationstechnik in DIN und VDE) : Commission allemande de l'électrotechnique, de l'électronique et des techniques de l'information auprès du DIN et du VDE.

DLR (Deutsches Zentrum für Luft– und Raumfahrt) : Centre allemand pour l'aéronautique et l'aérospatiale.

e.V. (eingetragener Verein) : association inscrite au registre des associations.

ERP (Enterprise Resource Planning) : progiciel de gestion intégré.

ETI : Entreprise de taille intermédiaire.

Fraunhofer IAO (Institut für Arbeitswirtschaft und Organisation IAO) : Institut Fraunhofer pour l'économie du travail et l'organisation.

Fraunhofer IOSB (Institut für Optronik, Systemtechnik und Bildauswertung) : Institut Fraunhofer d'optronique, de techniques des systèmes et d'analyse de l'image.

Fraunhofer IPA (Institut für Produktionstechnik und Automatisierung) : Institut Fraunhofer pour les techniques de production et l'automatisation.

Fraunhofer IPT (Institut für Produktionstechnologie) : Institut Fraunhofer pour les technologies de production.

Fraunhofer IWU (Institut für Werkzeugmaschinen und Umformtechnik) : Institut Fraunhofer pour les machines-outils et les techniques de formage.

GE : Grande entreprise.

GmbH (Gesellschaft mit beschränkter Haftung) : société à responsabilité limitée.

HANA (High-Performance Analytic Appliance) : système de gestion de bases de données relationnelles développé par SAP.

IEC (International Electrotechnical Commission) : Commission électrotechnique internationale.

IG Metall (Industriegewerkschaft Metall) : syndicat de la métallurgie.

IHK (Industrie– und Handelskammer) : chambre de commerce et d'industrie.

IIC (Industrial Internet Consortium) : Consortium de l'internet industriel.

IoT (Internet of Things) : internet des objets.

IP (Internet Protocol) : ensemble de protocoles de communication pour les réseaux internet.

It's OWL (Intelligente Technische Systeme Ostwestfalen-Lippe) : cluster des systèmes techniques intelligents de la région Lippe-Westphalie de l'Est.

ISO (International Organization for Standardization) : Organisation internationale de normalisation.

Iwb (Institut für Werkzeugmaschinen und Betriebswissenschaften der Technischen Universität München) : Institut pour les machines-outils et les sciences de gestion de l'université technique de Munich.

KfW (Kreditanstalt für Wiederaufbau) : Banque publique d'investissement allemande au niveau fédéral.

M2M (Machine to Machine) : technologies permettant aux machines d'échanger des informations.

MES (Manufacturing Executing System) : système de pilotage et de contrôle de la production.

MR-CM (Maschinenfabrik Reinhausen – Corporate Manufacturing) : système MES développé par l'entreprise Maschinenfabrik Reinhausen.

NSA (National Security Agency) : Agence pour la sécurité nationale.

OPC UA (Object Linking and Embedding for Process Control Unified Architecture) : protocole unifiée pour la communication entre machines.

OWL (Ostwestfalen-Lippe) : région de la Lippe-Westphalie de l'Est

PTKA (Projektträger Karlsruhe) : Porteur de projet de Karlsruhe.

PLM (Product Lifecycle Management) : gestion du cycle de vie du produit.

RFID : Radio Frequency IDentification.

SCP : système cyber-physique.

SI : système d'information.

Smart FactoryKL (Smart Factory Kaiserslautern) : démonstrateur d'usine intelligente de Kaiserslautern.

SMLC (Smart Manufacturing Leadership Coalition) : coalition pour le leadership dans le smart manufacturing.

SOA (Service Oriented Architecture) : architecture orientée services.

SPD (Sozialdemokratische Partei Deutschlands) : parti social-democrate.

SWOT (analyse) : Strengths, Weaknesses, Opportunites, Threats : forces, faiblesses, opportunités et menaces potentielles (ou analyse FFOM).

TCP-IP (Transmission Control Protocol-Internet Protocol) : ensemble des protocoles utilisés pour la communication sur internet.

TIC : Technologies de l'information et de la communication.

TüV (Technischer Überwachungsverein) : organisme de certification de produits et systèmes de management.

VDE (Verband der Elektrotechnik Elektronik und Informationstechnik e. V.) : Fédération allemande des industries de l'électrotechnique, de l'électronique et de l'ingénierie de l'information.

VDI (Verein deutscher Ingenieure) : Association des ingénieurs allemands.

VDMA (Verband Deutscher Maschinen– und Anlagenbau) : Fédération allemande des fabricants de machines-outils et d'équipements, l'équivalent allemand de la FIM.

VPN (Virtual Private Network) : réseau privé virtuel.

Wbk (Institut für Produktionstechnik der Universität Karlsruhe) : Institut de recherche sur les techniques de production de l'université de Karlsruhe.

ZIM (Zentrales Innovationsprogramm Mittelstand) : programme central pour l'innovation dans le *Mittelstand*.

ZVEI (Zentralverband Elektroindustrie und Elektronikindustrie) : Fédération des industries électriques et électroniques, l'équivalent allemand de la FIEC.

Table des illustrations

Imprimerie de la Direction de l'information légale et administrative
N° 604160060-000216 – Dépôt légal : février 2016

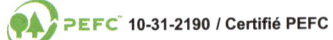 

PEFC 10-31-2190 / Certifié PEFC   IMPRIM'VERT®